AF624216

गिद्ध

गिद्ध

विजय तेंडुलकर

अनुवाद

वसन्त देव

वाणी प्रकाशन

प्रकाशन के उत्कृष्टतम 62 वर्ष

सजिल्द पहला संस्करण : 2018
सजिल्द दूसरा संस्करण : 2025

vaniprakashan.com

वाणी प्रकाशन

4695, 21-ए, दरियागंज, नयी दिल्ली-110 002

फ़ोन : + 91 11 23273167, 23275710

शाखाएँ

अशोक राजपथ, पटना-800 004, बिहार

कॉफ़ी हाउस कैम्पस, महात्मा गांधी मार्ग, प्रयागराज-211 001, उत्तर प्रदेश

महात्मा गांधी अन्तरराष्ट्रीय हिन्दी विश्वविद्यालय, वर्धा-442 001, महाराष्ट्र

sales@vaniprakashan.in
vaniprakashan@gmail.com

GIDDH
by Vijay Tendulkar
Translated by Vasant Dev

ISBN : 978-93-87409-20-0

Play

© तनुजा मोहिते

मूल्य : ₹ 350

इस पुस्तक के किसी भी अंश का किसी भी माध्यम में उपयोग
करने के लिए प्रकाशक से लिखित अनुमति लेना अनिवार्य है।

सिटी प्रेस, दिल्ली-110 095 में मुद्रित

वाणी प्रकाशन का लोगो मक़बूल फ़िदा हुसैन की कूची से

गिद्ध का झपट्टा

गिद्ध ऐसे अभिशप्त इनसानों की कहानी है जो अपनी गिद्ध मनोवृत्ति में आपाद्-मस्तक लिप्त हैं। या यों समझिए इनसानी लिबास पहने वे सब के सब शापभ्रष्ट गिद्ध हैं।

गिद्ध-दृष्टि तो मरे हुए, चुके हुए शवों पर होती है, पर ये इनसानी गिद्ध जीवितों पर अपनी लोलुप दृष्टि लगाये इस क़दर अभिशापित हैं कि तमाम मानवीय संवेदनाएँ और रिश्ते उनके लिए शव बन चुके हैं और उनका झपट्टा एक-दूसरे पर जारी है।

छल-कपट और अमानवीय दाँव-पेंचों में उसके परिवार के लोग आज की इस उपभोक्ता संस्कृति में असहज और असामान्य नहीं लगते।

विजय तेंडुलकर मनुष्य और समाज की इन खाजों को जितनी तीव्रता से अनुभव करते हैं उतनी ही सहजता से उसे उकेरते भी हैं। ऐसे चरित्र भले ही क्षण- भर को असहज और असामान्य लगें, पर ये हमारे आस-पास विद्यमान हैं और मंच पर वे खुलकर सामने प्रगट हो जाते हैं।

पात्र-परिचय

पपा	:	वृद्ध पिता
रमाकान्त	:	पपा का बड़ा लड़का
उमाकान्त	:	पपा का छोटा लड़का
माणिक	:	पपा की कुँवारी बेटी
रमा	:	रमाकान्त की पत्नी
रजनीनाथ	:	पपा का अनौरस बेटा रमाकान्त उमाकान्त का सौतेला भाई

पहला अंक

पहला दृश्य

समय : रात्रि। कालरात्रि जैसी।

[परदा उठते ही गैरेज का और एक तुलसीघरे का हिस्सा दिखाई पड़ता है। तुलसी का पौधा काफी हरा-भरा। ड्रॉइंगरूम और बेडरूम का रंग मटमैला, कालौंच की तरफ झुका हुआ।

पिछले पैसेज में उजाला। रजनीनाथ का टेबललैम्प जल रहा है।

रमाकान्त सामान बटोर रहा है; ड्रॉइंगरूम में एक ओर पत्थर की प्रतिमा बनी राम खड़ी है। रमाकान्त का सामान बटोरना समाप्त होता है। चारों ओर देखकर वह बैग उठाता है। रमा का हाथ पकड़कर रमाकान्त सहारा देता है। रमा एकदम जड़। सबसे आगे रमाकान्त उसके पीछे रमा–दोनों बाहर आते हैं। रमाकान्त कोट का कॉलर मोड़ता है। ताला बन्द करता है। दोनों जाते हैं। जाते-जाते रमा गैरेज के दरवाज़े के पास ठिठकती है। रमाकान्त उसे आगे ले जाता है।

दोनों पैसेज में होकर जाते हैं। तूफानी हवा। लगातार। दोनों के अदृश्य होते ही गिद्धों का कुछ पलों तक कर्णकटु चीत्कार। उसके बाद पैसेज अँधेरे में डूब जाता है।

गैरेज में उजाला। रजनीनाथ लिखने में मग्न है। चौंककर दरवाज़े की ओर देखता है। 'रमा!' पुकारकर

दरवाज़े की दिशा में लपकता है। टीन का दरवाज़ा खुलने की आवाज़। हवा की सनसनाहट जारी है। टीन का दरवाज़ा ज़ोर से बन्द होने की आवाज़। उसके बाद सन्नाटा

रजनीनाथ पहले वाले स्थान पर जाकर लिखना शुरू कर देता है।]

रजनीनाथ : आखिर रमा चली गयी। ठूँठ भावों की एक कठपुतली ...सचेतन...मुरदार मालकिन का पीछा करती हुई... बधियाए जानवर के दुचले ईमान को उठाये...एक सड़ियल कोढ़ी को खजैले कुत्ते का स्वामिनिष्ठ सहारा, नरक की राह पर। खो चुका है दोनों का भविष्य...शेष है, उस जगह एक मौत...नाक झड़ जाने के बाद बच गया हो एक छेद जैसे...मौत भी दुःसाध्य है, दुराराध्य है। समय बीत जाता है और महाकाल नहीं आता, खींचा-तानी ख़त्म नहीं होती, जीनेवाले से बदतर हालत देखने वाले की...वह भी नहीं बदलती! उसके बाद? आँख ओट, पहाड़ ओट! दिमाग के नरक की खातिर अन्त में अज्ञात की ओट! लेनी है मुक्ति की साँस...मुक्ति ही तो; मुक्ति भी कैसी? ...बाईस साल तक एक नपुंसक जीवन जी चुकने के बाद...एक लम्बे सपाट, घिनौने, महाभयानक दिवास्वप्न के बाद...जो अब कहीं समाप्त होने को है...

जगते हैं यादों के कंकाल, कर उठते हैं अट्टहास सपनों के कपाल...महाशून्य से निगली गयी चीखें, फूत्कार, कराहें, सिसकियाँ...जी उठती हैं सब, जैसे शापमुक्त होकर, और देखते-देखते...नहीं! नहीं देखूँगा वह सब दुबारा! नहीं!...*(फिर भी आकृष्ट होकर)* हिरनी जैसी अबोध...धरती जैसी स्नेहमयी...असाढ़ की पहली फुहार जैसी...निर्मल, शर्मीली, लजीली...एक पल खिलखिलाती, दूसरे पल खलभलाती...और...और पल भर में आँसुओं के अथाह सागर में डूबती उतराती...भावुक, नाजुक... मोह जगाती एक प्रतिमा...जैसे फूल हो हरसिंगार का

या सपना भोर का...जो कभी ख़तम ही न हो...बाईस साल...बाईस ही न? बहुत साल बीत गये...ऐसी थी रमा...रमा भाभी...शादी के मौके पर...सुपारी वाले खेल में...हमारे भाई साहब ने सुपारी छिपाई थी, ऐसी जगह कि पता न चले; और आखिरकार जानकर भी ढूँढ़ने, निकाल पाने की असमर्थता से संकोच-भरी, घबराई मुखमुद्रा उसकी...घिर आयी थीं बरसाती घटाएँ...बह उठी थीं सहस्र धाराएँ आँखों की राह से...अबाध...हल्दी-पुते गालों के ढलान से, नीचे...मुँह छिपाकर हथेलियों में फूट-फूटकर रोती उस सयानी लड़की की वह हालत देखकर हँस पड़ा था मैं निर्लज्ज हँसी...बच्चा ही तो था...जैसे सुखद गुदगुदी कर रहा हो कोई...

(निग्रहपूर्वक) जाओ, जाओ भाई, लौट जाओ अपनी कब्रों में...लेट जाओ अपने-अपने गड्ढों में...आज तो इस अभागे को जीने दो ज़रा-सा स्मृतिभ्रंश...विस्मरण का सुख भोगने दो...स्मरण के लाखों-करोड़ों मरण मर चुकने के बाद ही सही...एक बार...एक ही बार!

वह आयी थी...दहलीज पर रखे बर्तन के चावलों को दाहिने पाँव के अँगूठे से बिखराकर...अपने नये घर में पहली बार...क्या करनी हैं वे यादें, निर्दय चुड़ैलें, क्या होना है उनका?

नया घर...घर था वह? आदमीनुमा गिद्धों की बस्ती थी वह...ज़िन्दा भूतप्रेतों का अखाड़ा...घर भी कैसा है? ...वक़्त पर भोजन न मिलने से झुलसती आँतों पड़ा था मैं तकिए में मुँह छिपाए, खौल रहा ग़ुस्से में...कत्ल कर दूँगा सब का...टुकड़े-टुकड़े कर दूँगा एक-एक के...गला काट दूँगा बकरे की तरह...वह आयी थी...मेरे माथे को छुआ था...काँपती, फिर भी ममता चुआती उँगलियों से छुआ था...चौंककर उठ बैठा मैं...जैसे अंगार रख दिया गया हो...सहमकर हट गयी थी, सिर नीचा किये, अँगूठे से ज़मीन कुरेदते हुए कहा था उसने : 'खाना लाई हूँ...तुम्हारे लिए...सबसे छिपाकर...खाओ न! ...किसी से

कहना मत...नहीं तो...सौगन्ध दिलाई थी उसने...अपनी ...आग्रहपूर्वक...और मैं उस सौगन्ध में बँध गया, चुप रहा...कभी न बोला...होंठ सीकर देखा किया...असहनीय था देखना, फिर भी निःशब्द देखा किया...स्वप्न तक में चुप रहा....उस पर नित्य होने वाले अत्याचार, उपेक्षा, उसका तड़पना, तिलमिलाना, सिसकना—सब देखता रहा मुर्दा आँखों...कायर बनकर, पत्थर की तरह, एक कीड़े की तरह...देखा किया बाईस साल...जबकि उसकी एक-एक आशा, एक-एक अपेक्षा, जहाँ-की-तहाँ, राख की ढेरी में बदलती गयी...एक थी उसकी वांछा, सिर्फ़ एक बाकी थी, जिसे वह प्राणपण से छाती से चिपटाये हुए थी...देह और मन के कण-कण की शक्ति को बटोरकर थामे हुए थी ...प्रसंगवश बन्धनों को तोड़कर भी...फलने की वांछा ...माँ की कोख रखने वाली मादा का हक...जन्मसिद्ध...जो एक कुत्ती तक को हासिल होता है। मगर उस प्यासी बेल पर न फूल खिला न फल जमा...एक दानवी लहर आयी, आसमान का पता पूछती हुई, और चलती बनी अन्तिम सुकुमार अंकुर को उखाड़कर...बाकी बचा मुरझाए फूलों का मसला हुआ इत्ता-सा लौंदा...और बर्फ जैसे जमे हुए आँसुओं की निपट पागल चट्टान, संवेदनशून्य, विकारशून्य ...बाकी बचे सड़ी आशा की झूलती शाखा पर पंजा जमाए पाँच गिद्ध...पाँच गिद्ध...सड़ी आशा की झूलती...शाखा पर...

[प्रकाश समाप्त। अब प्रकाश पिछले पैसेज में। वहाँ दिखायी पड़ते हैं पपा, खाली मुँह चलाते हुए। रमा, जो आँखें मींचती-खोलती सिर्फ खड़ी है। रमाकान्त, उमाकान्त। दाँत और कान का मैल निकालते हुए, यहाँ-वहाँ देखते हुए। माणिक सिर खुजाती हुई हँसती है।

आवाज़ किसी की नहीं सुनाई पड़ती। सिर्फ गिद्धों का कर्णकटु चीत्कार।]

[अन्धकार।]

दूसरा दृश्य

[उजाला होते ही दिखाई पड़ता है, एक कोटरनुमा बँगला। सामने वाला दृश्य तीन भागों में बँटा हुआ है। मुख्य है पुराने गाँठदार फर्नीचर से युक्त दीवानखाना। टेलीफ़ोन। दाहिनी ओर वाले हिस्से में तुलसीघरा, मय तुलसी के शक्तिहीन पौधे के। ज़रा बायीं ओर काठ का एक पुराना बड़ा-सा पलँग जो बेडरूम की सूचना देता है। तमाम मंच पर धुएँ की हल्की-सी परत जो समूचे वातावरण को बोझिल बना रही है। दूर कोयल बड़ी तमन्ना से कूक रही है; मगर जल्दी ही ऐसे बन्द हो जाती है जैसे किसी ने उसकी गर्दन मरोड़ दी हो। फिर सुनाई पड़ती है लगातार बढ़ती जाती लड़ाई-झगड़े की आवाज़; पुरुष की आवाज़। मगर शब्द साफ़-साफ समझ में नहीं आते।

रमा पूजा की थाली लिए आती है और तुलसी के पास जाती है। रमा युवती है, दुबली-पतली, फिर भी पर्याप्त अच्छी-भली दिखती है। उसके व्यक्तित्व में हिरनी की निष्पाप भावना ज़ाहिर होकर रहती है। भक्तिभाव से पूजा करती है और आँखें मींचकर नमस्कार करती है कि इतने में बँगले के बाहर ज़ोर का कोलाहल।]

'निकल-स्साला हरामी! निकल बाहर! स्साले सुबह-सुबह पैसे माँगने चले आते हैं! रक्खे हैं तेरे

बाप ने! निकल जा नहीं तो शूट कर दूँगा!'

[रमा किंचित् विचलित होकर उस ओर देखती है जिधर से आवाज़ आ रही है। दूसरे पुरुष की आवाज़ जिसमें ज़रा जनानापन है।]

'अबे देखता क्या है उमा! लगा स्साले के चूतड़ों पर! नौकर स्साला; मिज़ाज देखो इनके! मार स्साले को!'

[चीख-पुकार, मार-पीट। ये आवाज़ें ज़रा दूर चली जाती हैं। रमा का चित्त अब पूजा में नहीं लगता। वह जल्दी-जल्दी पूजा समाप्त करती है और थाली लिए सीढ़ियाँ चढ़कर दीवानखाने की तरफ आती है। इतने में बँगले के ज़ीने की ओर से जल्दी-जल्दी आती है माणिक : उम्र तीस-पैंतीस साल। उसकी काठी मुरझाई-सी है। ताज़गी खोया ज़रा थुलथुल शरीर। देर से सोकर उठने के कारण आँखें बोझिल। बालों में कर्लर्स लगाये हुए। उठकर सीधे चली आयी है, इसीलिए कपड़े बिखरे हुए। बरताव, बोलचाल में ज़रा 'हिस्टीरिक'। सिगरेट पी रही है। हाथ में पहनने के कपड़े जिन्हें वह सोफा पर पटक देती है। गोलियों की शीशी टीपॉय पर रखती है, सिगरेट एश-ट्रे में।]

माणिक : *(सामने रमा को देखकर)* खड़ी हैं लाटनी की तरह! हमको मालूम था कि आप यही करेंगी। कल कित्ती बार जताया था कि मुझे सुबह सात बजे जगा देना! तुम लोगों से किसी की भलाई देखी जाय तब न! *(कर्लर्स उतारती जाती है।)*

रमा : मैंने कई बार आवाज़ दी थी। आपके कमरे का दरवाज़ा बन्द था...

माणिक : तो क्या दरवाज़ा खुला छोड़ दूँ कि चले आओ और मेरा गला घोंट दो! खुद अपना खयाल रखती हूँ इसलिए ज़िन्दा हूँ अब तक इस घर में! क्या कोई इनसान बसते हैं यहाँ? *(चिढ़ाकर)* दरवाज़ा बन्द था! *(साइडबोर्ड के*

करीब जाती है। एक गिलास उठाती है। शराब की बोतल निकालती है। गिलास में ढालती है। बोतल खुली छोड़ देती है। सोडा की बोतल खोलती है। उड़ेलती है।) गरम पानी है नहाने को? या वो भी भूल गयीं? न हो तो ऐसे ही नहा लूँगी। *(रमा पूजा की थाली फ़ोन के पास रखती है और सोफा तक जाके माणिक के कपड़े तहाने लगती है।)* बुड्ढा जगन्नाथ माली क्यों आया था? पैसा माँगने? जब देखो, पैसे माँगने चला आता है। रोज़-रोज़ रमाकान्त से हुज्जत, रोज़ लड़ाई! नींद खराब कर दी। सूअर कहीं का! पैसे क्या पेड़ पर फलते हैं, या हमारे यहाँ कोई खज़ाना गड़ा है? डाकू...

रमा : हमने उसे पिछले दो महीने की तनखा नहीं दी है...

माणिक : ओहो! जैसे गुनाह किया हो! यहाँ खुद ही पूरा नहीं पड़ता उसको कहाँ से लाकर दें? *(गिलास लेकर टीपॉय तक जाती है। गोलियों वाली शीशी खोलकर गोली खाती है। शराब पीती है। सिगरेट पीती है।)* पिछले दो महीनों से वो हरिवल्लभ दास के यहाँ एक लेटेस्ट डिज़ाइन का नेकलेस लाना चाहती हूँ, पर खरीद ही नहीं पाती! पैसे के नाम ना-ना! महज़ वन थाउजंड की बात है। पापा से पूछने जाओ तो जैसे काटने को दौड़ते हों बँटवारे के बाद से तो उनकी अक्ल ही सठिया गयी है। और उमा? एक नम्बर का मक्खीचूस, दमड़ीचोर! उससे तो पूछना ही बेकार है। मवाली दुनिया भर का! कहता है, लात दूँगा! रमा का कहना ही क्या! बड़ी सादगी से तुम्हारी तरफ इशारा करके चुप्पी साध लेता है।

रमा : लेकिन मेरे पास तो...

माणिक : बनो नहीं! मुझे सब मालूम है। चोर के भाई गिरहकट! वह तुम्हारी तरफ इशारा करता है, तुम उसकी तरफ! ऐसे तो एक हज़ार का बन्दोबस्त करना मेरे लिए कोई बड़ी बात नहीं है। पर सोचती थी, मैं एक इकलौती बहन; देखें, मेरे भाई मेरे लिए क्या करते हैं। पर यहाँ कौन क़दर करता है बहन की! बँटवारे के बाद से तुम्हारा

मरद मुझसे किराया वसूल करता है यहाँ रहने का, मालूम है? गनीमत यही कि रात को छुरादि खाकर मेरा हिस्सा अपने नाम नहीं लिखवा लेता! उसका क्या भरोसा!

रमा : ऐसा मत कहिए...

माणिक : क्यों मत कहिए? पिछले साल जब मैं टाइफ़ाइड से बीमार थी तो दवा तो छोड़ो, तुम लोगों ने हमको ज़हर खिलाने का प्लान नहीं बनाया था? बोलो!

रमा : नहीं-नहीं...

माणिक : मैं ही होशियार थी, इसीलिए बच गयी। मैंने दवा ही नहीं पी। सोयी तक नहीं; अँधेरे में भी आँखें फाड़कर देखा की, इसीलिए ज़िन्दा हूँ। तुम लोगों का बस चलता तो न जाने कब का फूँककर अलग कर देते! अच्छी तरह जानती हूँ तुम सब लोगों को। हमको देर हो रही है। *(रमा के हाथ से कपड़े छीन लेती है। सिगरेट बुझाकर जल्दी-जल्दी नहाने चल देती है। रमा साइडबोर्ड के पास जाती है। शराब की बोतल बन्द करती है; उसे भीतर रखती है। सोडा की बोतल और काग उठाती है, पूजा की थाली में रखती है।)*

[ज़ीने की तरफ से पपा आते हैं। हाथ में छड़ी, दाढ़ी-मूँछें बढ़ी हुई। बीड़ी पी रहे हैं।
दाँत गिर जाने के कारण लगातार मुँह चलाते हैं। निचुड़ा बदन। सुनहरे फ्रेम का चश्मा। बाल पके हुए।]

पपा : *(मुँह चलाते हुए)* बहू, यह सब सुबह-सुबह रमाकान्त क्यों चिल्ला रहा था? *(साइडबोर्ड के पास जाकर चूरन की शीशी निकालते हैं और सोफा पर बैठ जाते हैं। फ़ोन बज उठता है।)*

रमा : जगन्नाथ माली आया था।

पपा : अच्छा! एक नम्बर का कामचोर भैनचोद। बहानेबाजी सुन लो साले से। दिन भर बैठा-बैठा बीड़ी सुड़कता है। *(चुटकी भर चूरन फाँकते हैं। बीड़ी बुझाकर वहीं फेंक देते हैं। फ़ोन बन्द हो जाता है।)* जब भी पूछा तो खाद

है, मिट्टी नहीं; मिट्टी है तो खाद नहीं। साला एक-न-एक बहाना हमेशा तैयार! बीस साल से देख रहे हैं, कोई आज की बात थोड़े ही है! इन लोगों की चमड़ी उधेड़ी जाये, तभी काम करेंगे। नौकरों की जात साली; इनको ठीक करने का एक रास्ता है : लातों के देवता साले ये, बातों से कभी मानते हैं? ...हमारे ब्रेकफास्ट का क्या हुआ? कि आज हुकुम नहीं है साहब का? ...तुम्हारे साहब का?

[रमा पूजा की थाली उठाकर टीपॉय की ओर जाने को होती है। फ़ोन टिनटिनाता है। रमा का ध्यान उस ओर; पसोपेश में।]

पपा : तुम लोग तो हमें भूखों ही मार दो। कहाँ है ध्यान तुम्हारा, बहू? सुन रही हो?

[रमा थाली लेकर टीपॉय तक जाती है। माणिक वाला गिलास थाली में रखती है।]

रमा : आपके सोकर उठने का इन्तज़ार कर रही थी।

पपा : लो, सुनो! एकाध दिन सोकर नहीं उठा तो आयेगा कोई असल माँ का हमें जगाने? शाम तक हमारी लाश पड़ी सड़ती रहेगी उधर, और बहूजी इन्तज़ार फरमाएँगी इधर, कि ससुर साहब अभी आते हैं, अभी आते हैं।

[शायद ऊबकर फ़ोन का बजना बन्द हो जाता है।]

रमा : वह फ़ोन...

पपा : कौन साला हमें फ़ोन करेगा। होगा तुम्हारे देवर के लिए। दो टके के लौण्डे-लौण्डियों को इकट्ठा करके साले इन्दरसभा रचाया करते हैं न! नहीं तो होगा तुम्हारे मरद का। औंधे-सीधे धन्धे सालों के! चौपट कर दिया हमारा बिजनेस। और तुर्रा यह कि बोलो मत कुछ। उस रोज़ फ्लावर पॉट से मारने चले थे। जान ही लेके रहेंगे हमारी! मरो सालो, जहन्नुम में जाओ। बोलना ही बन्द कर दिया हमने... *(खाँसी का दौर आता है।)*

रमा : *(सिर झुकाकर)* नाश्ता लाती हूँ। *(चली जाती है।)*

पपा : मरूँगा तभी छुटकारा मिलेगा भैनचोद। उसी की राह

देख रहे हैं सब-के-सब। अरे, मैं बाप हूँ तुम्हारा, इत्ती आसानी से मरने का नहीं। और मरूँगा तो भी भूत बनकर तुम्हारी छाती पर नाचूँगा! एक दमड़ी तक हज़म नहीं करने दूँगा। साली कमाई हमारी और ऐश करेंगे ये—साले निकम्मे... *(साइडबोर्ड के पास जाकर खाँसी की गोली खाते हैं। लौटकर सोफा पर बैठ जाते हैं। खाँसते हैं, थूकते हैं। फ़ोन का बजना शुरू हो जाता है।)*

[रमाकान्त आता है। दुबला-सा। पिचकी नाक। छोटी पेशानी। जबड़े की बनावट ऐसी है कि दुर्बल-प्रवृत्ति जान पड़े। ट्वीड का हाफ पैंट पहने हुए हैं। स्पोर्टिंग कॉलर की कमीज़। किरमिच के जूते। हाथ में एअरगन।]

रमाकान्त : गुड मॉर्निंग पपा! *(फ़ोन के पास जाते हुए)* साली सुबह से हो गयी शुरू इनकी हाय-हाय। *(एअरगन को साइडबोर्ड से टिकाकर, फ़ोन उठाकर)* हैलो! येस स्पीकिंग...जै गोपाल सेठजी! क्या हुकुम है? एकदम अर्लि मॉर्निंग में फ़ोन किया? ...फोर थाउजंड का चेक—येस...वापिस आ गया? ...बट इट्स सरप्राइजिंग! इटकाण्ट हैपन्! ...हैलो, वट... *(ज़रा सुनकर)* ऐसे ही कोई टेक्निकल मिस्टेक निकाली होगी। फिर से भेजिए। मैं बैंक को रिंग किए देता हूँ। येस...यू नो, ये बैंकवाले आजकल एकदम हरामीपन पर उतर आये हैं...कौन? अपना बिजनेस एकदम चंगा, सेठजी। बिजनेस इज़ बिजनेस। प्रेस्टिज बड़ी चीज़ है सेठजी। प्रेस्टिज नहीं तो बिजनेस क्या खाक करेंगे? बन्द कर देंगे। बिजनेस, हाँ...अच्छा, भेजिए दुबारा, भेजिए। मैं करता हूँ रिंग बैंक को हाँ, साहेब जी।

[फ़ोन रख देता है। इस दरमियान रमा पपा का ब्रेकफास्ट लाती है। टीपॉय पर रख देती है। पोपला मुँह बुरी तरह चलाते पपा उसे चाभना शुरू कर देते हैं।]

रमाकान्त : एकदम फोर ट्वन्टी साला! हमारी! लास्ट इयर एट थाउजंड के सीमेन्ट के ट्रान्जेक्शन में फिफ्टीन हन्ड्रेड

का मारजिन पीट लिया! साला धन्धा है या लूट? हाऊ आर यू पपा? वेल?

[पपा बगैर जवाब दिये खाना जारी रखते हैं।]

ये साली एक और आफत! हमारा ही खाते हैं, और हमीं को आँखें दिखाते हैं। *(कुर्सी पर बैठ जाता है। टाँगें टीपॉय पर फैला देता है।)* सुनो रमा, उस माली साले को घुसने मत देना। समझीं? एक पाई मत देना। पुराना नौकर था—पपाजी का लाड़ला—इसलिए रख छोड़ा था। तो लगा साला सिर पर चढ़ने। बोला, तनखा दो! मन्थली तनखा दो! पहली तारीख को! साला गवर्नर हो जैसे! सुबह-सुबह दरवाज़े पर धरना! कमरे में घुस आया। साले को शूट कर देता; मगर सोचा बाल-बच्चेदार आदमी है; ये तो साला टें बोल जायेगा, और वो लोग हमारे नाम को रोयेंगे। दो झापड़ रसीद किये साले को। खून ओकने लगा। दो-एक दाँत उखड़ गये होंगे हरामी के। बुढ़ापे में गिरने ही वाले थे। बुड्ढी घोड़ी। क्यों पपा?

[पपा निरुत्तर। चम्मच से चाय ज़ोर से हिलाते हैं। मुँह चलाते हैं।]

रमा : आप उसका हिसाब चुकता क्यों नहीं कर देते...

रमाकान्त : सुन लो पपा! देखी अपनी बहू की अक्लमन्दी? एक तो इन सर्वेन्ट्स की बदतमीज़ी सहो, ऊपर से पैसा बाँटो! दच्छिना दो! याने इनके पाँव पड़ो, पूजा करो सालों की! पपा के जमाने की बात और थी। मनी मार्केट लूज था। कम्पिटीशन नहीं था। रुपया छप्पर फाड़कर बरसता था। नौकर लोगों की आदतें बिगाड़ दीं इन्होंने। तनखा, इनाम, नेग, कपड़ा-लत्ता...

पपा : मैंने नहीं, तुम्हारी अम्मा ने...

रमाकान्त : ओफ् हो! हमारी माँ जैसे इनकी कोई लगती ही नहीं!

[रमा भीतर जाती है।]

पपा : लगती थी! जनम-भर की दुश्मन थी! खुद तो मर गयी और इनको छोड़ गयी।

रमाकान्त : और आपको भी! स्साला खाना और हगना, धरती का

बोझ फोकटिया! *(पपा के हाथ से टोस्ट छीन लेता है।)*

पपा : ज़बान सँभालकर बात कर। एक लाख की जायदाद बाँट दी हरामियो, अब बोझ हो गया हूँ?

रमाकान्त : जायदाद? एक लाख की? साला दस हज़ार का कैश नहीं पल्ले पड़ा; और तीन जनों के बीच यह बैंगलो। माहवारी मेन्टेनेन्स सवा सौ रुपये! साला इससे तो सर्कस का हाथी बेहतर। बिजनेस—डेड हॉर्स! वॉर ने पूरा कबाड़ा कर दिया। साला भंगी-चमारों की औलादें तक रेती और सीमेण्ट के धन्धे में घुस आयी हैं। जैसे तेरहीं की पाँत हो साली! हज़ार-हज़ार की खोट सहकर टेण्डर भरने लगे! धन्धा क्या चलता! डे ॲण्ड नाइट खून सुखाओं तो भी साला प्रॉफिट के नाम अण्डा! इससे तो उमा हुशियार निकला। साला लोनावला की लैण्डेड प्रॉपर्टी का मालिक बन बैठा। और जनाब, आपने शेयर्स भी क्या खरीदे हैं! सब साली बंकम कम्पनियाँ! कागज़, साला, पुड़िया बाँधने को!

पपा : हम बुद्धू ही सही! तुम्हीं कोई तीर मार कर दिखा दो न!

रमाकान्त : क्या कहते हैं! साला अपना तो करम-नसूड़िया, दूसरे से कहे किस्मत का तमाशा दिखा! हमको जो करना है, करी रहे हैं पपा! मगर अपना चुतियापा समझ लीजिए पहले! *(पपा को चपतियाता है।)*

पपा : हमने किया ही चुतियापा जो तुम जैसी औलाद को टपकाया!

[फ़ोन बज उठता है।]

रमाकान्त : पपाजी, जैसा बीज, वैसा पौधा! हम क्या अपनी मर्ज़ी से टपके हैं? *(फ़ोन उठाता है।)* हैलो! ...स्पीकिंग... मॉर्निंग मेजर साहब। फरमाइए ...माल में खराबी? ...वेरी सरप्राइजिंग। स्पेशल सुपरविज़न में सप्लाई किया था हमने तो ...नो मेजर साहब, खराबी हो ही नहीं सकती। कोई सरदारजी की फटीचर कम्पनी समझ रक्खी है; हमारी प्रेस्टिज है! ...कितना? ...पन्द्रह बोरी? फिफ्टीन

गनीज़? इम्पॉसिबल! *(सुनकर)* मैं कह तो रहा हूँ साब, इम्पॉसिबल! आप ही के यार्ड में गड़बड़ी हुई होगी। *(रुककर)* यार्ड में ही हुई होगी। नहीं, साब, यार्ड ही में ...ह्वॉट! नो-नो! ...रिटर्नस...नो-नो! फ्रेश सप्लाई? ...इट्स आउट ऑफ क्वेश्चन! ...उसी आइटम में? ...नहीं जी, बिल्कुल नहीं! *(सुनकर)* ब्रीच ऑफ कॉन्ट्रेक्ट? हाँ-हाँ, ज़रूर कोर्ट में जाइए! ओ येस! हमने भी सॉलिसिटर रख छोड़ा है। *(सुनकर)* कॉन्ट्रेक्ट में ऐसा कुछ नहीं है। *(सुनकर)* एक्स्ट्रीमली सॉरी! एक्स्ट्रीमली सॉरी! दैट्स ऑल राइट। आपकी फौजी ठसक वहाँ बॉर्डर पर दिखाइए! नो-नो, दिस इज़ बिजनेस। *(सुनकर)* ग्लैडली। *(सुनकर)* बाई ऑल मीन्स। सी यू इन कोर्ट। *(फ़ोन रख देता है।)*

[रमा आती है। प्लेट आदि उठाती है और टीपॉय पर रखती है। स्टूल अपनी जगह रखती है। फिर कप सॉसर उठाती है।]

रमाकान्त : साला कोर्ट की धमकी देता है। जा स्साले कोर्ट में, हम भी देख लेंगे! साला मिलिट्री का कॉन्ट्रेक्ट जी का जंजाल साला। रमा डियर, आज ईवनिंग में वो कान्दिवली के अबलानन्द या कोई इसी नाम के स्वामी जी आने वाले हैं लिंकिंग रोड के राजाध्यक्ष के यहाँ। हम लोग जायेंगे।

रमा : क्या फायदा होगा जाकर?

रमाकान्त : फायदा साला क्या होने चला है? तुम भी एकदम बुद्धू ही हो। आज तलक बीस टाइम बीस स्वामीजियों के पाँव पर माथा रगड़ा; इस हिसाब से हमको कम-से-कम बीस बच्चे तो पैदा होने ही चाहिए थे! रमा डियर, वो लक् की बात है। मैन प्रपोज़ेज, गॉड डिस्पोजेज़! शाम को जायेंगे। साला फन् रहेगा थोड़ी देर का!

रमा : रुपया भी खर्च होगा...

पपा : *(बैठे-बैठे मुँह चलाकर)* वो बाप की कमाई का!

रमाकान्त : मुँह सँभालकर बोलना सीखिए पपाजी! जब मैं और मेरी वाइफ बात कर रहे हों तो आप अपनी टाँग मत अड़ाया कीजिए। बुड्ढे आदमी को चुप रहना चाहिए।

वो तो रहा एक तरफ, उल्टे जहाँ छेद देखा वहीं उँगली घुसेड़ रहे हैं! साला गन्दी आदत! *(सिगरेट केस में से एक सिगरेट निकालकर सिलगाता है। सिगरेट केस पपा के सामने पेश कर)* स्मोक?

पपा : *(ज़ोर से)* नो!

रमाकान्त : *(सिगरेट केस बन्द करके जेब में रखते हुए)* वेरी गुड! हमने अपना फर्ज़ पूरा किया।

[उमाकान्त आता है। मोटा, बेढब, मोटे फ्रेम का चश्मा पहने हुए। दिखने में हास्यास्पद, रोना किस्म का। रिपल्सिव। ज़नाना आवाज़। तौलिया, चड्डी फ़ोन के करीब रखता है।]

उमाकान्त : *(रमा से)* बाथरूम में कौन गया है?

रमा : बहनजी। *(ब्रेकफास्ट की सामग्री साइडबोर्ड पर रखती है। उमाकान्त के कपड़े यन्त्रवत तहाने लगती है।)*

उमाकान्त : कौन-सी जल्दी थी उस भैंसिया को बाथ अटकाने की? हो गयी छुट्टी घण्टे-भर की। एक तो ऐसे ही अपने को जन्नत की हूर समझते हैं, और जब से वो होण्डूर के हिज़ हाइनेस के पीछे पड़ी है, तब से तो इनके पाँव ही साले ज़मीन पर नहीं पड़ते। कहाँ राजा भोज और कहाँ गंगू तेली! जैसे वो रंडीबाज़ इन्हें अपनी पटरानी बनाने चला है!

रमाकान्त : काण्ट टेल ब्रदर, बना भी सकता है!

उमाकान्त : तब तो तुम भी लखपति बन जाओगे!

रमाकान्त : *(नाटकीयता से)* जिस रोज़ हुज़ूर मॅरीज करेंगे, उसी रोज़!

उमाकान्त : *(क्रोध से)* शट्प! मेरी पर्सनल बातों में दखल मत दिया करो। अगर फिर कभी थोबड़ा हिलाया तो—तो तोड़ दूँगा। *(रमाकान्त की कमीज़ का कॉलर पकड़ता है।)*

रमाकान्त : *(कॉलर छुड़ाकर)* ट्राई करके देखो!

उमाकान्त : *(दूर होते हुए)* हमारे मामले में टाँग मत अड़ाया करो। कहे देता हूँ रमा...

रमाकान्त : शूट कर दूँगा साला। ब्लडी बगर! स्साला थोबड़ा मेरा क्या सोडा की बोतल है। कहे, तोड़ दूँगा!

रमा : *(उमाकान्त से)* भाई साहब, आपका नाश्ता...

रमाकान्त : बन्द कर दो साले का ब्रेकफास्ट। कसम साले की, कभी दमड़ी तक दी है घर में ज़रूरत के वक़्त? भाई हैं या साले सात जनम के दुश्मन? परसों का वाकया। सेवन थाउजंड का वायदा पूरा करना था। मैंने कहा, भाई मेरे, तू ही दे दे। विद इन्टरेस्ट लौटा दूँगा। ये साले घमण्डीलाल, अकड़ गये। दुनिया-भर में भीख माँगनी पड़ी हमको। हमारे भाई कहलाते हैं! बैंक-बैलेन्स फुलाते हैं साले, ब्लैक में कागज़ बेचकर। साले मरद हो तो किसी लौण्डिया का पेट फुलाकर दिखा...

उमाकान्त : *(गुस्से में काँपकर)* रमा...मुँह सँभालकर...

रमा : *(रमाकान्त से)* अब चुप भी रहिए...

रमाकान्त : मरेगा तो साला ठठरी पर नोटों के बण्डल बिछाकर श्मशान जायेगा। स्साला लावारिस कहीं का!

रमा : *(तिलमिलाकर पपा से)* आप ही समझाइए...

पपा : *(पोपला मुँह चलाकर)* लड़ने दो हरामियों को। राक्छस साले! इससे तो अच्छा होता कि इनकी माँ ने भैनचोद पत्थर जने होते!

उमाकान्त : बाप अगर खजैला कुत्ता होता तो भी आपसे अच्छा होता, समझे?

रमाकान्त : दैट्स इट! वाह ब्रदर!

[रमा ब्रेकफास्ट का सामान उठाकर भीतर जाती है।]

उमाकान्त : यह मत भूलिए कि आप हमारी वजह से ज़िन्दा हैं। समझते हैं?

रमाकान्त : वर्ना साली कब की फुँक गयी होती आपकी चिता। तेरहीं के लड्डू भी बँट चुके होते...

पपा : बन्द करो तुम्हारी बकबक! स्साले हरामी के पिल्ले! हमारी तेरहीं करोगे? हमारे जीते जी तेरहीं का जशन मनाते हो भैनचोदो?

रमाकान्त : तेरहीं नहीं तो बारहीं सही! व्हॉट ब्रदर?

पपा : अगर चाहूँ तो गाँड पर लात मारकर निकाल दूँ तुम

सबको! *(रमाकान्त और उमाकान्त हँसते हैं।)* जायदाद मेरी है। पसीना बहाकर बनायी है मैंने। धन्धा शुरू किया था तब पचास रुपयों की पूँजी तक नहीं थी। *(रमाकान्त और उमाकान्त ध्यान नहीं देते।)* मैं और सखाराम दिन-रात खटते थे, भूखे-प्यासे। खून सुखाया, पसीना बहाया, कौड़ी-कौड़ी जोड़ते रहे। तब कहीं जाकर इतना धन्धा खड़ा हुआ सालो! *(रमाकान्त एअरगन से खेलता है)* 'हरी सखाराम कम्पनी' का नाम ठेकेदारी के धन्धे में जाना जाने लगा। ऑफिस बनाया, फ़ोन लिया, यह जायदाद खरीदी। मिला दो भैनचोदो इसे मिट्टी में! फिर रोया करना अपने करम को! पाई कमाने की अकल नहीं और नखरे बादशाहों के! *(उमाकान्त साइडबोर्ड पर रखी शीशी में से एक गोली लेकर खाता है। आईने में अपनी सूरत देखता है, खुश होता रहता है।)* मेरी जान पर तुले हो सालो! तेरहीं की बात करते हो! याद रखना, तुम्हारी तेरहीं जीमकर ही जाऊँगा, तुम्हारी चिता जलाकर ही मरूँगा...*(खाँसी का दौर।)*

उमाकान्त : भैंसिया का नहाना ख़त्म भी होगा कि नहीं? जाने कौन-कौन सी नालियों में लोटती रहती है और जल्दी के वक़्त जिस्म घिसती है। *(चिल्लाकर)* माणिक, जल्दी बाहर निकल, नहीं तो दरवाज़ा तोड़ दूँगा बाथ का!

रमाकान्त : मिरर लगा है न बाथ में, बैठी देख रही होगी ब्रदर!

उमाकान्त : तोड़ ही देता हूँ साला मिरर! न रहे बाँस...

रमाकान्त : जनाब के बाप की जायदाद है? साला मिरर किसके हिस्से का, और तोड़ने चले हैं ये, तीसमारखाँ!

उमाकान्त : अपॉइंटमेंट है एट्ट फिफ्टिन को। अब इस भैंसिया की वजह से बगैर बाथ के जाना पड़ेगा।

[माणिक नहाकर बाहर जाती है। पेटीकोट और चोली पहने। तौलिया बदन में लपेटे।]

माणिक : *(उमाकान्त का गला पकड़कर)* किसको भैंसिया कहता है तू, बोल? चवन्नी भर का नहीं खाती हूँ तेरा। ज़बान सँभालकर बात किया कर! औरत हूँ तो धौंस दिखाता है!

उमाकान्त : *(उसके पुट्ठे पर चिकोटी काटकर गला छुड़ाते हुए)* तू, और साली औरत?

रमाकान्त : *(माणिक से)* क्या सबूत है तुम्हारे पास?

माणिक : शरम नहीं आती? बेहूदा कहीं के!

उमाकान्त : *(उठकर ज़नखे की तरह चलकर)* हम किसी के साथ पिकनिक पर नईं जाते!

रमाकान्त : और न नाइट पर जाते हैं!

उमाकान्त : *(टीपॉय पर रखी शीशी उठाकर दिखाते हुए)* न पर्स में पिल्स ही रखते हैं।

माणिक : बेशरम, मेरा पर्स टटोलता है तू! *(शीशी छीन लेती है।)*

रमाकान्त : तो क्या होंडूर वाले को ही ठेका दिया है टटोलने का? क्यों ब्रदर? हाऊ इज़ इट?

माणिक : *(रमाकान्त की ओर मुड़कर उसका मुँह ठेलते हुए)* कीड़े पड़ेंगे तुम्हारे मुँह में कमीनो!

उमाकान्त : सारा शहर जानता है! परसों रात को मैजिस्टिक होटल के रूम में नशे में धुत होकर नहीं नाच रहे थे तुम लोग? *(उसका तौलिया खींचता है, वह चिल्लाती है।)*

माणिक : झूठ है! एकदम झूठ है! तुम लोग मेरी नाहक बदनामी करते हो। जानवर हो तुम लोग? मेरा सत्यानाश हो जायेगा तभी कलेजा ठण्डा होगा तुम्हारा! मुझे मार ही डालोगे तुम लोग! *(जाने को मुड़ती है। रमाकान्त उसे टँगड़ी मारकर गिरा देता है।)*

रमाकान्त : *(उमाकान्त से)* ब्रदर, हम जानवर! *(दोनों हँसते हैं।)* जानवर साला!

माणिक : *(मुँह हथेली पर छिपाकर रोते हुए)* ओ माँ! ये मार डालेंगे मुझे एक दिन! ज़हर खिला देंगे। मेरा गला घोंट देंगे ये लोग! *(रोती हुई जीने की तरफ चली जाती है।)*

रमाकान्त : सुना ब्रदर?

उमाकान्त : *(रमाकान्त को सिगरेट देकर खुद भी जलाता है।)* हम इसका गला घोंट देंगे, इसीलिए तो शहर के रसियों के गले पड़ती है! आजकल वो कंडम होंडूर का थर्ड क्लास एच.एच. साला!

रमाकान्त : साली पैंतीस साल की बुढ़िया हो गयी, खानदान की इज़्ज़त का ख़याल है इसको?

उमाकान्त : एक बात ज़रूर है। इसकी जगह मैं होता बीस-पच्चीस हज़ार तो श्योर ऐंठकर रहता!

रमाकान्त : क्या पता साला! वो बना भी रही होगी! स्मार्ट गर्ल माणिक! और एक्सपीरिएन्स्ड!

उमाकान्त : इस बार वाला बकरा भी तगड़ा है। वरना पहले कोई साला साइकिलवाला, नहीं तो फिलम कम्पनी का कैमरामैन, और बीच-बीच में वो सब्जीवाले की फटफटिया पर घूमा करती थी उसकी कमर थामे...भाड़ में जाये साली! मुझको लेट हो गया। मैं चला बाथ में... *(जल्दी-जल्दी चला जाता है।)*

[रमा रसोईघर की ओर से आती है और बाहर की तरफ जाती है। उसके हाथ में चाय की प्याली।]

रमाकान्त : ये और किसके लिए है? हाँ-हाँ! हमारे पोएट ब्रदर के वास्ते। ले जाइए, ले जाइए। साली एक और चोंच, भरे जाओ। साले हमारे घर का खायेंगे और डर्टी कविताएँ लिखेंगे। नयी कविता! दमड़ी भर की कीमत नहीं। साली स्याही की बरबादी!

रमा : बँटवारे के झमेले में तो नहीं पड़े थे वे...

रमाकान्त : बड़ा एहसान किया! रखैल की औलाद साला! इल्लेजिटिमेटि! हिस्सा माँगने आता तो हंटर मार-मार कर खाल उधेड़ देता। शूट कर देता और है ही घमण्ड इतना तो चाय और रोटी की भीख क्यों माँगते हैं।

रमा : वे नहीं माँगते। मैं ही जबरदस्ती दे आती हूँ। वह भी सिर्फ चाय! यहाँ का खाना छोड़कर कई साल हो गये।

रमाकान्त : जानते हैं। तुम बिला वजह उसकी तरफदारी किया करती हो। अपनी बहू के लच्छन देख लीजिए पपा! पति से ज़्यादा देवर पर जान छिड़कती है! वो मना करता है तो ये चाय लेके जाएँगी, मनाएँगी, अपने हाथों पिलाएँगी! आज से उसकी भी चाय बन्द! हमारे यहाँ का खाते हैं तो जैसे हमीं पर एहसान करते हैं साले। लाओ तो

प्याला इधर! *(प्याला उठाकर चाय पीता है।)* चाय बनी उम्दा है। पपा, रमा चाय फर्स्ट क्लास बनाती है।

पपा : वह तुम लोगों से लाख दरजे अच्छा! कम से कम मेरी जान लेने पर तो आमादा नहीं है।

रमाकान्त : कौन? रजनीनाथ? पपा, उसमें दम कहाँ? साला पोएट! पेन की तलवार चलाएगा! साला पेन चलाने से कोई मरता है? आप भी नहीं मरेंगे।

पपा : मेरी मौत के चर्चे ही चलाया करो हरामियो! मार ही डालो मुझे, तो छुट्टी मिल जायेगी, हमेशा के वास्ते। पर ऐसे मरनेवाला नहीं हूँ। मर भी जाऊँ तो भी भूत बनकर तुम्हारी छाती पर नाचूँगा। समझे? छाती पर नाचूँगा! तुम लोगों की छाती पर नाचूँगा। ऐसे नहीं छोड़ूँगा।

[आवेशपूर्वक छड़ी के सहारे खाँसते-खूँसते चले जाते हैं।]

रमाकान्त : क्या फालतू बात करते हैं पपा! साला आप भूत बनेंगे तो हम भूतों के भूत बनेंगे। साले ये भूत बनने चले हैं! *(रमा से)* येस, रमा डियर! तुम क्यों खड़ी हो? तुम जाओ भीतर, अपना काम देखो। काम पहले! *(वह जाने को होती है।)* और सुनो! आज से कवि महाराज की चाय बन्द! बोलो, स्याही पियो! इंक! सुबह-शाम एक प्याला! हेल्थ के लिए मुफीद टॉनिक! सच! और हाँ रमा डियर, आजकल एक बड़ा डील कर रहा हूँ, अभी अपने ही पास रखना। बुड्ढे को भी पता न चले। जम जाये साला तो ज़िन्दगी भर मजे-ही मजे! बैंगलो, कार, शोफर, क्लब, बावर्ची साला धौंस नईं माँगता किसी की। समझीं? साला तुमको भी आराम। सोशल वर्क! उस वक़्त तक एक किडी भी हो जायेगा अपने को! *(हाथ से दिखाकर)* किडी...बच्चा! *(रमा सिर झुका लेती है।)* इस बार अपने को पूरा भरोसा है। देखें, ये स्वामी महाराज क्या गुल खिलाते हैं। हाँ ज़रा...इसका भी बन्दोबस्त रखना। मेरे पास आज नहीं है। कल बैंक बन्द था न साला! रिटर्न यू टुमारो। तुम्हारे पास रहता है, इसलिए

कहता हूँ। नेक्स्ट वीक में तुम्हारा वो नेकलेस भी छुड़ा लाएँगे। साला पैसा-पैसा, पैसा क्या चीज है! ये डील ज़रा पूरा हो जाने दो, साला पैसा-ही-पैसा! अच्छा, मैं शूटिंग के लिए जा रहा हूँ। कम्पाउंड में मार्निंग से साला एक भी परिन्दा नहीं आया। अच्छा, बाय्-बाय्...रमा डार्लिंग... *(गन उठाकर जाता है। रमा प्याला-रकाबी उठाकर भीतर जाने को मुड़ती है कि फ़ोन की घण्टी बज उठती है। रमा चौंककर खड़ी हो जाती है। फ़ोन की घण्टी बजती रहती है।)*

[अँधेरा।]

तीसरा दृश्य

[काफी रात गये। वही दीवानखाना। पपा और उमाकान्त बैठे हैं; रमाकान्त हाथ में शराब का गिलास पकड़े खड़ा है। कोच पर लेटी है एक अचेतन मूर्ति। आस-पास पीने-पिलाने की सामग्री बिखरी हुई है।]

रमाकान्त : *(लेटे हुए आदमी को अच्छी तरह देखकर नशे में)* साला कम्प्लीट आउट!

उमाकान्त : ठीक से देखो शायद होश में हो।

रमाकान्त : हट्! *(हिलाकर)* एकदम आउट। ये क्या है...साला मुरदा! *(हँसता है।)* सखाराम चाचा का मुरदा! *(हँसता है।)* अपने चाचा का मुरदा साला! चाचा मर गया! देख, देख! हट् साला पीकर मर गया। *(चाचा के शरीर के पास नशे में धुत खड़े होकर)* लाँग लिव् अंकल!

उमाकान्त : चाचा को साली प्रॅक्टिस नहीं रही पीने की आजकल। मुफलिस साला...'ये' कहाँ से मिलेगी?

रमाकान्त : पुअर चाचा! ब्रदर, बोतल यों उड़ेलता था—स्ट्रेट!

उमाकान्त : रमा यहाँ क्यों आया था चाचा? पपा ने तो उसका... हूँ...गला साफ़ कर दिया था। धन्धे से निकाल बाहर कर दिया था। बरबाद कर दिया था। साला घर से निकाल दिया था...पन्द्रह साल पहले...

रमाकान्त : पुअर पुअर चाचा! आई पिटी हिम! आई लव् हिम! स्लीपिंग लाइक ए किडी साला... *(थपथपाता है।)*

उमाकान्त : पपा ने चाचा को धोखा क्यों दिया? मालूम है?

रमाकान्त : ओ येस्...तुम बताओ।

उमाकान्त : सिम्पल! चाचा ही पपा को...हूँ...साफ करने वाला था। मगर पपा को पहले ही पता चल गया। उसके बाद पपा ने... *(स्टूल पर बैठ जाता है।)*

रमाकान्त : बेचारा! ब्रदर, दोनों स्साले बराबर के हरामी। पपा और चचा।

उमाकान्त : नो! पपा ज़्यादा! पूछो क्यों?

रमाकान्त : नहीं पूछते।

उमाकान्त : अबे पूछ! इसलिए कि पपा जीत गये! चाचा हार गया। पपा ने सब हड़प लिया। सखाराम चाचा को भीख माँगने को मजबूर कर दिया। चाचा ने...हूँ...बहुत गालियाँ दीं। बिलबिलाया। बोला, तेरा मुँह नहीं देखूँगा...कीड़े पड़ेंगे साला...

रमाकान्त : पुअर चचा!

उमाकान्त : *(हँसकर हिचकी लेते हुए)* आखिर में आया साला! *(धरती की ओर इशारा करके)* यहाँ!

रमाकान्त : *(बहककर)* साले हरामी की औलाद हैं सब लोग! ब्रदर, आई फील लाइक क्राइंग। ब्रदर, मुझको रोना आता है। ह्वाट् रेचेड् ब्रदर! साला एकदम रेचेड्...नो किडी स्साला ...स्लीपिंग लाइक ए किडी साला...बच्चा...*(उसे थपकता है।)*

उमाकान्त : आई एनवी पपा! मुझको जलन होती है पपा से...

रमाकान्त : पपा डियर! डियर, विल यू लाइक टु...एक पेग और? पपा, वन पेग?

पपा : *(आँखें मींचकर नशे में)* ऐ दिल तेरी गली में पाऽमाले नाऽज़ हो जाऽ...

उमाकान्त : छोड़ पपा को। तू मुझी को ढाल। विद सोडा।

[पपा अपनी जगह बैठे-बैठे झूम रहे हैं। कर्णकटु स्वर में घण्टी बजती है। पपा ज़रा होश में आते हैं; फिर नशे में झूमने लगते हैं। उमाकान्त और रमाकान्त सन्देह भरी दृष्टि से फ़ोन की दिशा में देखते हैं। रमा भीतर से आकर बाहरवाले दरवाज़े की ओर जाती है। लौटती है। उसके पीछे आती है माणिक।

थकी-हारी। अस्तव्यस्त। पर्स साइडबोर्ड पर रखती है। अपने लिए ग्लास भरने के सिलसिले में टीपॉय की तरफ बढ़ती है। रमा भीतर चली जाती है।]

रमाकान्त : कौन? ओ! डियर माणिक! डियर, आज पिकनिक कैसी रही?

उमाकान्त : कैसी नींद आयी?

रमाकान्त : होण्डूरवाले एच.एच. ने ज़्यादा दिक तो नहीं किया डियर माणिक को?

उमाकान्त : *(हिचकी और हँसी के साथ)* मनीज़ वर्थ!

माणिक : *(सोये हुए आदमी की तरफ इशारा करके)* यह कौन है? चाचा? *(लपककर)* चाचा ही है! यह यहाँ कैसे आया?

[रमा भीतर से आकर चाचा को शाल उढ़ाती है।]

उमाकान्त : मॅजिक्! अब इसको हवा में गायब करके दिखाता हूँ। लुक्! वन...टू...

माणिक : यह कब आया पपा? *(पपा नशे में। रमा से)* कब आया भाभी यह?

रमा : शाम को, दिया जले।

माणिक : तुमने क्यों भीतर घुसने दिया?

रमा : घण्टी की आवाज़ सुनकर दरवाज़ा खोला, तो ये खड़े थे। मैंने पहचाना ही नहीं। दाढ़ी बढ़ी हुई। कपड़े मैले-कुचैले। ऐसे दिखाई पड़ रहे थे जैसे कई दिनों से भूखे हों। एकदम से भीतर घुस आये। मुझे लगा, कोई चोर-ओर हैं; चिल्लाने की थी, इतने में...

रमाकान्त : आई केम! आई सेड् हॅल्लो अंकल, हाऊ आर यू? वेरी ग्लैड टु सी यू आफ्टर सो मच टाइम डियर अंकल! *(आँख मारकर)* मैनर्स! साला रिवाज़! मगर पपा उसे देखते ही आग उगलने लगे...

उमाकान्त : मुँह से वर्ड नहीं निकलता था...हूँ...काँप रहे थे गुस्से में।

रमाकान्त : पपा सेड्...पपा सेड्, क्यों आया भैनचोद? आई लाइक अवर चाचा, यू नो, सखाराम चाचा, पुअर पुअर...

उमाकान्त : चाचा बोला, मेरा रुपया निकाल। रुपया!

रमाकान्त : बट अवर पपा...यू नो...पक्का हरामी! ग्रेट बगर, अवर

पपा। बोले, दमड़ी तक नहीं है! *(आँख मारकर)* साला ट्रिक!

उमाकान्त : चाचा...बोला, बोला, झूठ बोलता है। मुझको मेरा शेयर दे, नहीं तो...हूँ...यहीं रहूँगा...नहीं टलूँगा *(रमा भीतर चली जाती है।)* बोला, रुपया है। तुम्हारे पास है। मेरा हिस्सा निकाल।

रमाकान्त : बट अवर पपा वाज़ पक्का। यू नो। प्राइवेट कॉन्फरेन्स ...पपा एण्ड चाचा...

माणिक : फिर?

रमाकान्त : नो यूज़!

उमाकान्त : चाचा यहाँ! *(इशारे से दिखाता है।)*

रमाकान्त : नो नो नो नो! नॉट् डेड्! ब्रदर, मरा नहीं, चाचा मरा नहीं। ज़्यादा पी गया। आउट ऑफ प्रैक्टिस। आउट, यू नो! एकदम आउट हो गया। मैंने ही पिलाई, डटकर! सगा चाचा, यू नो! ओन्ली चाचा!

माणिक : यानी यही खवीस भी यहीं रहेगा? हमारे यहाँ?

रमाकान्त : यू नो...काण्ट हेल्प! ही इज़ आउट। चल नहीं सकता, बैठ नहीं सकता। आँख भी नहीं खोल सकता। साला एकदम न्यू बॉर्न। यू नो...किडी, साला, दूध पीता बच्चा...

माणिक : तो उठाकर बाहर फेंक दो उसे। सरदी में ठिठुरकर अपने आप मर जायेगा।

रमाकान्त : देखा ब्रदर, पुअर पुअर माणिक! साली सरदी इतनी है कहाँ कि मर जायेगा? उसमें ड्रिंक भरा है। ही बिल नॉट डाई।

माणिक : अरे, हम रखेंगे कहाँ इस हाथी को? कौन इसके खाने-पीने का खरच उठायेगा? यहाँ अपना ही अपने लिए पूरा नहीं पड़ता...

उमाकान्त : रमा, माणिक सही बोलती है। हम उसको...हूँ...काटकर अलग कर देंगे। तुम...डिस्पोज कर देना। टुकड़ा-टुकड़ा करके...एक इधर गिरा...एक उधर गिरा...

[माणिक कुछ सोचती हुई रिकॉर्ड-प्लेयर के पास जाती है।]

रमाकान्त : अएँ? नो नो नो...सॉरी ब्रदर, आई एम एक्ट्रीमली सॉरी। ही इज़, यू नो, अवर अंकल! चाचा! सगा!

उमाकान्त : डॅम हिम! सगा...

रमाकान्त : ब्रदर, इससे पहले कि यह सोफा गन्दा कर दे...हम इसे उठाकर नीचे पटक दें। डाउन! सोफा बेकार में डर्टी हो जायेगा साला!

[लड़खड़ाते हुए उमाकान्त उठता है। दोनों बड़ी मुश्किल से चाचा के शरीर को उठाकर ज़मीन पर रख देते हैं।]

रमाकान्त : दॅट्स बेटर! *(माणिक रिकॉर्ड बजाती है, बहुत ज़ोर का शोर)*। श्शू! सोने दो। पुअर चाचा। लेट हिम हॅव साउण्ड स्लीप। *(उसे थपथपाता है।)* पुअर, पुअर चाचा! *(थपथपा रहा है नशे में।)*

माणिक : *(रमाकान्त का कन्धा पकड़कर झिंझोड़ते हुए)* रमा, ये आसार अच्छे नहीं हैं। सुनो।

रमाकान्त : क्या?

माणिक : ज़रा इधर आओ।

उमाकान्त : *(सन्देह से)* मैं नहीं?

माणिक : तुम भी आओ। *(दोनों उसके पास पहुँचते हैं।)* मुझे तो दाल में काला नज़र आता है! *(पपा बैठे-बैठे लुढ़क जाते हैं।)*

रमाकान्त : यू मीन—चाचा के—अंकल—

माणिक : नहीं! पपा के बारे में।

उमाकान्त : माणिक इज़ राइट!

माणिक : वो बोला था न, पपा के पास रुपया है? पपा से। अरे भाई, चाचा...

रमाकान्त : ओ यस यस...आई सी...

माणिक : मैं बताती हूँ, पपा ने ज़रूर कहीं-न-कहीं, कुछ गाड़कर रक्खा है। ऐसे छिपाकर कि हमको पता न चले।

रमाकान्त : साला साबित करो।

माणिक : *(चाचा की तरफ इशारा करके)* नहीं तो चाचा आता ही क्यों? मुझे पक्का मालूम है। वह ज़रूर सूँघता हुआ आया है।

रमाकान्त : यू मीन?...

माणिक : और वो प्राइवेट कॉन्फरेन्स? दोनों की? मैं अपने पपा

को खूब पहचानती हूँ। मुझे पहले ही से शक था।

रमाकान्त : वेरी-वेरी वाइज़ गर्ल, डियर माणिक? डोण्ट थिंक ब्रदर? डोण्च्यु?

उमाकान्त : माणिक होशियार है...कैसी भी हो... *(हिचकी)* कुछ थाउजंड तो होंगे ही।

रमाकान्त : साला हू टेल्स? मे बी लैक्स!

माणिक : चतुराई से टॅप करना पड़ेगा। एक हिसाब से अच्छा ही हुआ कि चाचा आ टपका। *(स्टूल पर बैठ जाती है। उमाकान्त उसके कन्धे पर हाथ रखे है।)*

रमाकान्त : ब्रदर, आई लव् चाचा। सखाराम चाचा। पुअर पुअर चाचा...

माणिक : *(चिढ़ाकर)* पुअर पुअर चाचा...

उमाकान्त : एकदम बदमाश साला!

[गिद्धों का हल्का-हल्का चीत्कार सुनाई पड़ता है।]

रमाकान्त : क्रुक साला! साले सोये कैसे हैं! एकदम धुत! बुड्ढा आदमी, ब्रदर, सोया है तो साला डेड दिखता है। फनी साला! यू नो...राम नाम सत्त साला...

उमाकान्त : रमा, पपा को...हूँ...अलग! व्हाट?

रमाकान्त : हॅट् साला...साला मैड है तू उमा? *(इशारा कर)* जन्मदाता! *(हाथ जोड़कर नमस्कार करता है।)* हाथ लगाना गुनाह साला! बेटे का धरम!

माणिक : और फायदा क्या? रुपये कैसे मिलेंगे?

रमाकान्त : वाइज़-वाइज़ गर्ल माणिक...वाइज़... यू नो ब्रदर, कल पपा को चढ़ाएँगे साला तारीफ करके। ऑन दि डेड् हॉर्स। तारीफ के पुल पर...एकदम टॉप पर साला...उसके बाद हूँ...समझा? खेल खतम! *(हँसता है।)* पैसा हज़म!

माणिक : *(खुश होकर)* फिर मेरा वन थाउजंड का नेकलेस...

रमाकान्त : ओ येस, ओ येस, डियरेस्ट माणिक...पुअर पुअर पपा... पुअर अंकल...

[गिद्धों का चीत्कार बढ़ता जाता है। धीरे-धीरे अन्धकार।]

चौथा दृश्य

[सुबह। चिड़ियों का चहचहाना। गैरेजवाला हिस्सा। दामन में चाय की प्याली छुपाए रमा जल्दी-जल्दी आती है। गैरेज का दरवाज़ा बन्द है। खटखटाती है। एक बार। दूसरी बार। दरवाज़ा खुलता है।]

रजनीनाथ : *(आँख मलकर)* कौन है? *(रमा को देखकर आँखें खोलता है। हड़बड़ाकर कमीज़ ठीक करता है।)*

रमा : *(भीतर की ओर सरककर)* लो, जल्दी से पी लो।

रजनीनाथ : क्यों लायी हो?

रमा : पी लो! *(वह नाराज़ी से हाथ बढ़ाता है।)* पहले मुँह तो धो लो। ऐसे ही पीओगे? जल्दी करो, ठण्डी हो जायेगी।

[रजनीनाथ नाराज़ होकर रमा को देखता है। मुड़कर पानी का लोटा उठाता है। बाहर की तरफ जाकर मुँह धोता है, कुल्ला करता है। कमीज़ से मुँह पोंछता है। बिस्तरा गोल करके उस पर बैठ जाता है। रमा बार-बार बँगले की तरफ देखती खड़ी है।]

रजनीनाथ : बेकार की तकलीफ! *(रमा चुप है।)* चाय होटल में भी मिलती है। *(वह कोई जवाब नहीं देती।)* शौक से ट्रे मँगवाई, मनपसन्द बनाई, पी! किसी का एहसान तो नहीं। *(रमा चाय की प्याली लिए अब भी खड़ी है। प्याली छीनकर)* और न भी मिले तो क्या बिगड़ता है? बहुत-से लोगों को बहुत-सी चीज़ें नहीं मिलतीं। कोई मर नहीं जाता। *(रुककर)* रात नचनियों का तमाशा देखने गया था। *(उसकी ओर देखकर)* रोज़ जाता हूँ आजकल।

और भी बहुत-सी बातें करता हूँ। किसी को न लगे अच्छा, तो आँखें मूँद सकते हैं। परसों एक औरत के पास गया था। कोई अच्छी औरत नहीं थी वह? मेरी माँ भी कौन अच्छी औरत थी? मालूम हो चुका है कि मेरी माँ की क्या ज़िन्दगी रही होगी, किस हालत में, कहाँ मेरे बाप को मिली होगी। उस औरत के भी एक बच्चा था। दूध पीता, हड्डियों का महज़ ढाँचा, अफीम खिलाकर सुलाया गया था। क्या मालूम कौन था उसका बाप? नहीं मालूम था, यही अच्छा था। यही अच्छा था। यही अच्छा होता है। भेड़ियों जैसे बाप और भाई...न हों तो बेहतर! *(आँख उठाकर उसकी ओर देखता है।)*

रमा : जल्दी पी लो, कोई आ जायेगा।

रजनीनाथ : नहीं पीता।

रमा : इतने बड़े हो गये हो, मगर भाभी को परेशान करना नहीं भूले।

रजनीनाथ : *(उसे निहारकर)* तुम भी तो बड़ी हो गयी हो।

रमा : *(पल्लू सँवारकर)* चाय पियो!

रजनीनाथ : *(यकायक उठकर मेज़ पर प्याली रख देता है। मुड़कर)* कल से चाय मत लाना।

रमा : खाना बन्द कर दिया, नाश्ता बन्द कर दिया...

रजनीनाथ : *(रमा की ओर मुड़कर)* किसने किया? मैंने या तुमने? *(हल्का पड़कर)* यानी उन्होंने?

रमा : *(दुःखी स्वर में)* जानती हूँ। *(सिर झुका लेती है एकदम)* मैं तो फिर भी लाती थी।

रजनीनाथ : चोरी-छुपे! जैसे भीख, चुटकी भर!

रमा : *(उदास)* दरवाज़े पर भिखारियों की कमी नहीं थी जो यहाँ आकर भीख डालती!

रजनीनाथ : तुम खुलेआम लातीं, सबके सामने लातीं!

रमा : इतनी हिम्मत मुझमें नहीं है।

रजनीनाथ : इसीलिए मुझे ज़रूरत नहीं है। चाय की भी *(बेकाबू होकर)* तुम भी मत आया करो।

रमा : ठीक कहते हो। पर मन नहीं मानता।

रजनीनाथ : फिजूल बात। कौन हूँ मैं तुम लोगों का? मेरा कोई रिश्ता नहीं...

रमा : कहने भर से तो नाता-रिश्ता टूट नहीं जाता।

रजनीनाथ : *(भड़ककर)* तुम्हारे पति को मैं भाई नहीं मानता। मुझे शर्म महसूस होती है ऐसे नीच आदमी को भाई कहते। और उस पाजी आदमी को बाप कहते।

रमा : *(ज़रा रुककर)* बस? कह चुके? क्या मिला?

[वह एक घूँट में चाय ख़त्म कर देता है। रमा के चेहरे पर भोली मुस्कान।]

रजनीनाथ : हँसने की क्या बात है?

रमा : ऐसे ही!

रजनीनाथ : प्याली नहीं दूँगा।

रमा : यह क्या करते हो, कोई जग जायेगा।

रजनीनाथ : इतने जल्दी? नौ बजे से पहले इस बँगले की सुबह नहीं होती।

रमा : लाओ, दे भी दो। चाचा आये हैं तुम्हारे, कल। उनके लिए कुछ मीठा-सीठा बनाऊँगी।

रजनीनाथ : वह भी आखिर पपा का भाई है। उन्हीं की जात का। पाजी! कल देखा था उसे कँगले की हालत में बहुत खुशी हुई।

रमा : प्याली?

रजनीनाथ : पहले बताओ, हँसी क्यों थीं?

रमा : ऊँहूँ!

रजनीनाथ : नहीं बताओगी? *(रमा चुप)* तोड़ दूँ इसे?

रमा : अरे, क्या करते हो? चाय तुमने ऐसे पी, जैसे जुल्लाब की कड़वी दवा पी रहे हो! इसीलिए हँसी आ गयी। *(फिर हँसती है।)*

रजनीनाथ : *(प्याली मेज़ पर रखकर)* मेरे लिए वही है दुनिया... गिलगिली, बेस्वाद...न रंग, न रूप!

रमा : *(गम्भीरता से प्याली उठाकर)* हमारी बात और है, मगर कवि ऐसा सोचे तो कैसे महान बनेगा? कैसे नामवरी हासिल करेगा?

रजनीनाथ : मैं खुद नहीं जानता, मैं कौन हूँ।

रमा : मैं चली। कल आऊँगी।

रजनीनाथ : मत आना।

रमा : अगर आऊँ तो?

रजनीनाथ : मैं चाय नहीं पीऊँगा।

रमा : बोलोगे तो?

रजनीनाथ : मजबूरन।

रमा : फिर भी मैं आऊँगी। *(जल्दी-जल्दी जाती है।)*

रजनीनाथ : *(उसके जाने की दिशा में देखकर तिलमिलाकर)* मगर क्यों?

[कोई उत्तर नहीं मिलता। धीरे-धीरे अन्धकार।]

पाँचवाँ दृश्य

[रात । दीवानखाना। पश्चिमी संगीत का रिकॉर्ड बज रहा है।

माणिक और रमाकान्त लड़खड़ाते पाँवों से बॉल डान्स कर रहे हैं। उमाकान्त पपा को गिलास पर गिलास ढालकर दे रहा है। बुड्ढा बेहद खुश है।]

रमाकान्त : *रिकॉर्ड ख़त्म होते ही नाच रोककर तालियाँ बजाते हुए नशे में)* स्प्लेण्डिड! ब्यूटीफुल! एक्सीलेण्ट!

[रिकॉर्ड ख़त्म होने की खरखराहट की आवाज़। लड़खड़ाते पाँवों से माणिक दूसरा रिकॉर्ड चढ़ाती है।]

रमाकान्त : *(उमाकान्त से)* नाऊ यू डान्स, ब्रदर! युअर टर्न।

[रिकॉर्ड शुरू। उमाकान्त माणिक के साथ नाचना शुरू कर देता है।]

रमाकान्त : *(पपा के पास जाकर)* डियर, डियर पपा, हाऊ आर यू, बाय दि वे? कॅरिइंग ऑन वेल? हैपी? लाइक टु हव मोर? इंगलिश स्टफ़, यू नो! नॉट नाऊ? ऑल राइट! *(उमाकान्त को जो इन दोनों की तरफ देख रहा है, आँख मारकर)* नॉट नाउ, बाद में! यू नो, बाद में सही...

पपा : *(सप्रयास)* आज मज़ा आ गया। तबियत खुश। *(गले के भीतर हँसते हुए)* मज़ा आ गया। सखाराम चला गया! हमेशा के वास्ते चला गया! *(टटोलकर रमाकान्त को थपथपाते हुए)* कमाल कर दिखाया बेटे...बहुत बड़ा काम किया...हुशियारी ऐसी हो भैनचोद...वाह...वा...

रमाकान्त : पपा, आप खुश हैं तो हमको सब मिल गया। पितृ-ऋण साला! चुकाना पड़ेगा।

माणिक : *(नाचते हुए)* पपा इज़ वण्डरफुल, है न रमा?

रमाकान्त : पपा साला भूलनेवाले आदमी नहीं हैं। एहसान-फरामोश नहीं हैं।

उमाकान्त : पपा को हँसते हुए देखकर मन खिल जाता है मेरा।

माणिक : मेरा भी! कितने सालों बाद आज पपा के चेहरे पर मुस्कान देखी है। है न रमा?

रमाकान्त : डियर, डियर पपा!

पपा : *(अपने से)* साला खात्मा...सखाराम का...*(झूमते हैं बैठे-बैठे)*।

[रिकॉर्ड ख़त्म हो जाता है। माणिक अपना गिलास भरने के लिए जाती है। उमाकान्त स्टूल पर बैठ जाता है।]

माणिक : कित्ता मज़ा आया, क्यों रमा? सुबह उठकर मैंने जो ऊपर वाले कमरे में झाँककर देखा तो हैं ऽ अंकल गायब! दुबारा देखा, फिर भी नहीं दिखा। चप्पल भी नहीं थी। नीचे, बगीचे में सब जगह ढूँढ़ा, मगर चाचा कहीं था ही नहीं।

रमाकान्त : साला रात को हमारे चार पेग तो चाचा के आठ, साला आउट होकर पड़ा था! साला टँगड़ी-खोपड़ी। पकड़कर ऊपरवाले कमरे में ले जाना पड़ा। उठाके। साला क्या वजनी! हैवी साला!

पपा : *(नशे में झूमते हुए)* ऐ दिल मेरी गलीऽ में ऽ...

रमाकान्त : पपा आज साला सातवें आसमान पर!

उमाकान्त : क्यों न हो, कल से चाचा ने पपा की हालत खराब कर रक्खी थी। रुपया निकाल! मेरा शेयर निकाल! एक हजार तो दे ही डाल! पाँच सौ सही! रुपया दे! *(पपा की नकल कर)* कहाँ से दें? रुपया भैनचोद है किसकी अण्टी में? *(रमा को आँख मारकर)* अपने पपा। कानूनन बिजनेस से अलग किया था तुझको। मुकदमेबाजी की तूने, क्यों हारा? अएँ? कायदे से निकाला है। दमड़ी

नहीं मिलेगी। रुपया माँगता है भैनचोद! है ही नहीं अब रुपया मेरे पास! है ही नहीं!

रमाकान्त : *(पपा को उनींदी आँखों से देखकर)* डियर, डियर पुअर पपा! पुअर रास्कल पपा...

पपा : *(झूमते हुए)* मेरी गली ऽ में ऽ...

रमाकान्त : राम और लक्ष्मण...पपा और चाचा! साला एकदम चार सौ बीस! *(पपा की नकल कर)* है कहाँ रुपया? है कहाँ? ...आज अर्ली मॉर्निंग में साला बर्ड का शिकार करने को एअरगन ले के निकला। झुटपुटा था। सोचा, चाचा का हालचाल पूछें। नाइट में टाइम था न साला। ऊपर गया। दरवाज उढ़का हुआ था। भीतर घुसा, देखा, चाचा चित पड़ा था, आँखें आसमान में चढ़ी हुई। मैं बोला, साला माजरा क्या है? क्या करते, साला नींद में ही जान आउट हो जाती चाचा की...मैंने पूछा, चाचा उठो, चाचा गाफिल...साला मैं डरा...हिलाया...चाचा जगा...आँख खोली ...और जोर से चिल्लाया! एड़ी-पसली का ज़ोर लगा के! क्या पता, क्यों? सोचा साला पपा देर से सोये हैं...डियर माणिक को अर्ली मार्निंग में उठके होंडूरवाले के यहाँ जाना होगा...इसलिए मैंने चाचा के मुँह पर हाथ रक्खा ...ऐसे, ज़ऽरा दबाया। देखा उमा, ऐऽसे...बोला, डियर अंकल, खामखा चिल्लाते क्यों हो? मगर उमा, चाचा उछला, साला फुटबॉल के माफिक उछला! गिरते-पड़ते दरवाज़े की तरफ भागा। खोला और नौ-दो ग्यारह... चाचा गायब! साला मैंने रोकने का ट्राई किया, पीछे से राइफल लेके दौड़ा। चाचा ऐसा भागा जैसे साला हिरन हो! गॉन! जाने किधर गया चाचा!

[माणिक लगातार हँसती है।]

उमाकान्त : ग्रेट मॅन, चाचा। चियर्स टु...पपाज़ फादर... ॲण्ड मदर ऑफ कोर्स!

रमाकान्त : ऑर्फ कोर्स। मदर तो होनी चाहिए। ब्रदर...*(पीकर)* जयन्ती ...चाचा की! सब पीते हैं।

उमाकान्त : जयन्ती! *(नशे में हँसता है।)*

रमाकान्त : ब्रदर, चाचा साला मॅनरलेस ब्रूट! जाते वक़्त बाई-बाई तक नहीं की। एटिकेट नहीं साला!

उमाकान्त : तुमने खदेड़कर भगाया चाचा को? बोलो!

रमाकान्त : नो नो नो, ब्रदर! अहिंसा परमो धर्मः। चाचा यानी पपा का ब्रदर साला। बाप, एक तरह से!

पपा : पा ऽ माले नाज़ हो ऽ जा...छनन छूम, छूम...

रमाकान्त : पपा, अरेंज करने का टाइम नहीं मिला।

पपा : इधर नाची थीं...जद्दनबाई...अख्तरी...हाय उसकी अदा...रात बीत गयी, सुबह हो गयी...इधर...इस गोद में...ऐ दिल ऽ।

माणिक : *(जम्हाई लेकर)* रमा, उमा, और कितनी देर लगेगी। मुझे नींद आ रही है। अब और किस बात का इन्तज़ार है? क्यों उमा? हटाओ, निपटाओ भी अब। क्यों उमा? *(पापा की तरफ इशारा करती है। वे नशे के आनन्द में झूम रहे हैं।)*

उमाकान्त : *(उमाकान्त से)* ब्रदर...

[उमाकान्त कन्धा झटकता है।]

रमाकान्त : *(तैयार होकर स्वर बदलते हुए)* बस्स! हम डान्सिग पार्टी का नाच करेंगे! यहाँ उमा, फोक डान्स करेंगे! होल नाइट! छुनक छुन छुन...छनक छुन छुन...

उमाकान्त : *(स्टूल पर से उठकर)*, नहीं, डान्स नहीं होने दूँगा इधर, नेईं! रमा...

[माणिक दरवाज़ा भीतर से बन्द करती है। टेलीफ़ोन का रिसीवर नीचे रख देती है।]

रमाकान्त : साला ह्वॉट डु यू मीन बाई नेईं? अएँ? साला पपा का हुकुम है।

उमाकान्त : पपा के बाप का हुकुम! इदर तमाशा नहीं होएँगा...बॉस्!

रमाकान्त : क्यों नहीं होएँगा? अएँ? अभी पी तू, और पी साला... फिर फिजूल बकबक नहीं करेगा...पी...

उमाकान्त : *(दिखाने भर को पीकर)* कौन बकबक करता है? मैं या तू?

रमाकान्त : लो स्साला! खुद बकबक कर रहा है और मुझसे पूछता है!

उमाकान्त : शट्अप! साला चुप रहो! मैं नशे में हूँ।

पपा : *(झूमकर)* ए दिल में ऽ री ग ऽ ली में ऽ हाय जद्दन...मार डाला...

रमाकान्त : *(आँख मारकर)* साला सूअर साला। पपा के काम में दखल देता है साला...माणिक, एक गिलास और! *(आँख मारता है। माणिक दिखावे को ढालती है। पीकर)* हाः! दिमाग घूम गया साला! कौन मना करता है साला?

[माणिक अपना गिलास भरती है। कैन ओपनर उठाती है।]

उमाकान्त : हम बोलता है, वो डर्टी औरत साला...

माणिक : *(अपना गिलास और कैन ओपनर प्लान के मुताबिक टीपॉय पर रखकर)* उमा, रमा, बन्द करो तुम दोनों का झगड़ा। हम लोग यहाँ चाचा का डिपार्चर सेलिब्रेट करने आये हैं और तुम लोग लड़ रहे हो? पपा क्या कहेंगे?

उमाकान्त : माणिक, तू चुप रह। नहीं तो अँतड़िया बाहर निकाल दूँगा। साला, मैं नशे में हूँ।

रमाकान्त : साला शराबी का बच्चा! साला फोकटिया रौब गाँठता है?

माणिक : *(चारों ओर देखकर जायज़ा लेते हुए)* रमा, उमा, हम मना कर रहे हैं और तुम लोग...*(रमाकान्त को इशारा करती है।)*

रमाकान्त : *(साइडबोर्ड के पास जाकर सोडा की रीती बोतल उठाकर फोड़ता है। चिल्लाकर)* उमा, साला हिम्मत हो तो सामने आ! साला जान ले लूँगा। साला पपा की इच्छा के खिलाफ काम करता है। साला। *(आँख मारता है।)*

उमाकान्त : *(टीपॉय पर रखा कॅन ओपनर उठाकर)* छोड़ दे माणिक, मुझको छोड़ दे। *(माणिक तत्काल झूठमूठ पकड़ती है।)* साला टुकड़े-टुकड़े करके कुत्तों को खिला दूँगा। साला कॉकरोच के माफिक पेट फोड़ दूँगा। तू छोड़ मुझको, छोड़ तू....खून पी जाऊँगा साले का...छोड़...

रमाकान्त : बड़ा आया साला खून पीनेवाला! ठहर तू...तेरा कीमा करता हूँ। साले...पाजी, कमीना! छोड़ दे माणिक...उसको छोड़ दे...

उमाकान्त : छोड़ दे माणिक...तेरी माँ को...

[माणिक बखूबी अपना पार्ट अदा कर रही है। उमाकान्त रमाकान्त को जो पपा की कुर्सी के पीछे खड़ा है, उछलकर पकड़ लेता है। पपा को बीच में डालकर रमाकान्त उनकी कुर्सी गिराता है। रमाकान्त, उमाकान्त और पपा, तीनों गिर पड़ते हैं। ज़रा देर को पपा दिखाई नहीं पड़ते और अचानक...]

पपा : *(जानवर की तरह चिल्लाकर)* बचाओ! बचाओ! छुड़ाओ! दौड़ो! मार डाला! मार डाला सालों ने! बचाओ! ओ मैया री...

[रमाकान्त और उमाकान्त पपा को सहारा देकर खड़ा करते हैं। उनका सिर फूट गया है। खून बह रहा है। बुड्ढा भय से अधमरा हो रहा है, थरथर काँप रहा है। माणिक कुर्सी उठाती है। दोनों पपा को सोफा तक ले जाते हैं।]

रमाकान्त : *(पपा को सोफा पर बिठाकर)* अर्र! ज़्यादा चोट लग गयी पपा?

उमाकान्त : सॉरी पपा! लिटा दो पपा को...

रमाकान्त : लेट जाइए पपा... *(उनका गला पकड़ता है।)*

पपा : *(उछलकर सोफा पर खड़े होकर)* नहीं! बिल्कुल नहीं! तुम लोग हैवान हो भैनचोद! तुम मुझे मार डालोगे! जान से मान दोगे! मेरा खून कर दोगे। मुझे नहीं मरना है। मैं नहीं मरूँगा! मैं भूत बनकर तुम्हारी छाती पर नाचूँगा। खूनी भैनचोद! पुलिस को बुलाओ। पुलिस– *(दौड़कर फ़ोन के पास पहुँचते हैं। रिसीवर उठाते हैं।)*

रमाकान्त : *(पुचकारते हुए उनके नज़दीक जाकर)* पपा...पपा...धीरे... (पपा के हाथ से रिसीवर छीनकर नीचे रख देता है। वे पीछे हटते हैं।)

उमाकान्त : मैंने ऐसा कुछ नहीं सोचा था। *(रमाकान्त से)* तू साला...

रमाकान्त : *(झपटकर)* तू सात हरामी साला...

माणिक : *(पपा के हाथ से, जो दुबारा फ़ोन करना चाहते हैं, फ़ोन छीनकर)* जाने दीजिए। बेकार बदनामी होगी, पपा। मामूली-सी तो चोट है।

पपा : दूर हो चुड़ैल! तू भी शामिल है। सबकी मिलीभगत है भैनचोदो! मेरा खून करोगे सालो? खून करोगे तुम! मैं जानता हूँ। मेरा बचा-खुचा रुपया छीन लोगे, मुझे मालूम है...*(और एकदम चुप हो जाते हैं। सब लोग पल भर के लिए निस्तब्ध।)*

रमाकान्त : *(यकायक)* रुपया? रुपया कैसा पपा?

उमाकान्त : मतलब, रुपया है आपके पास?

रमाकान्त : वाह पपा, आप तो छुपे रुस्तम निकले!

उमाकान्त : लुच्चा है बुड्ढा रुपया, छिपाता है। अपने ही बेटों से?

रमाकान्त : क्यों नहीं छिपाएँगे! उनका रुपया! तू क्या कर लेगा, क्या कर लेगा? मक्खीचूस साला! *(सोडा की टूटी बोतल और कॅन ओपनर उठाता है। ओपनर उमाकान्त को पकड़ाता है।)*

उमाकान्त : तू चुप रह साले! *(झपटता है।)*

रमाकान्त : मुहँ सँभाल उमा...*(पपा को बीच में रखकर मारपीट का स्वाँग रचते हैं।)*

पपा : *(चीखकर)* नहीं! नहीं, मुझे मत मारो! मत मारो मुझे! अरे मती मारो! मैं मर जाऊँगा! *(वे अब साक्षात्! भय की मूर्ति बने हुए हैं, बुरी तरह काँप रहे हैं।)* अरे मुझे मत मारो! मैं तुम्हारे पाँव पकड़ता हूँ। मुझे बचा लो। मारो मत...

रमाकान्त : *(उमाकान्त से)* दूर हो साला। *(पपा से)* रुपये कौन से पपा?

उमाकान्त : *(पास पहुँचकर)* कौन से रुपये छीनेंगे? कौन से?

रमाकान्त : *(उमाकान्त से)* हट जा साला, चीरकर दो कर दूँगा! *(पपा दरवाज़े की ओर भागते हैं। पपा से)* आप मुझे बतलाइए पपा!

माणिक : *(पपा को रोककर)* तुम दोनों हैवान हो। *(पपा से)* पपा, आप मुझको बतला दीजिए! कौन से रुपये छीनने की बात थी?

पपा : *(अभी तक काँप रहे हैं।)* रुपये...बैंक में...बैंक...*(दरवाज़े की ओर जाने की कोशिश करते हैं।)*

रमाकान्त : *(उन्हें पकड़कर)* कौन से बैंक में? *(वे बताने को तैयार हैं।)* बतला दीजिए पपा, वर्ना यह पाजी उमा बेकार में आपकी जान ले लेगा। हरामी साला! बता दीजिए, कौन से बैंक में रुपया रखा है?

उमाकान्त : *(चिल्लाकर)* साले बुड्ढे बताता है या...

पपा : *(घबराकर)* प...पंजाब...पंजाब बैंक में...मुझे मारो मत भैनचोदो...

उमाकान्त : *(चिल्लाकर)* अकाउण्ट किसके नाम है?

रमाकान्त : किसके नाम से है पपा? जल्दी से बता दीजिए...

माणिक : बता भी दीजिए...

पपा : तुम लोग हज़म नहीं कर सकोगे...नहीं कर पाओगे... *(काँप रहे हैं)* प...पितले प्लंबर्स...

रमाकान्त : पितले प्लम्बर्स? *(उमाकान्त से)* पुराना अकाण्उट लगता है *(पपा से)* पपा, पुराना ही है न? सखाराम चाचा को पता लग गया होगा। तभी तो सूँघता हुआ यहाँ तक आया। क्यों पपा?

पपा : पुराना है...मुझे मारो मत...

माणिक : कितने रुपये हैं? इस वक़्त? *(रमाकान्त से)* पूछो न?

पपा : *(मुश्किल से)* सात हज़ार।

माणिक : *(अनजाने)* माई गॉड!

पपा : चुड़ैल, तू रण्डी होकर सड़ेगी।

रमाकान्त : वो तो खैर होकर ही रहेगा! हाँ, तो आगे। चेकबुक कहाँ है?

पपा : नहीं है...है...मेरे पास है...

उमाकान्त : *(सहजता से ओपनर दिखाकर)* और कहाँ-कहाँ रुपया छिपा रक्खा है? बता दो, जान का खतरा क्यों उठाते हो?

[रमा तुलसीघरे के पास आकर खड़ी हो जाती है।]

पपा : *(चिल्लाकर)* और नहीं है भैनचोदो, नहीं है...ख़त्म हो गये...इतने ही बाकी बचे थे...मुझे मत मारो। अरे मैं बाप हूँ तुम्हारा भैनचोदो, बाप हूँ...

रमाकान्त : अपने बच्चों से पैसा छुपाता है और बाप बनता है!

पपा : मुझे मारो मत...छोड़ दो मुझे...पाँव पड़ता हूँ...थूक चाटता हूँ...छोड़ दो...

[रमाकान्त और उमाकान्त दोनों में इशारेबाज़ी हो जाती है।]

रमाकान्त : पपा, सारा अकाण्ट हमारे हवाले करेंगे? सात हज़ार...

पपा : नहीं...*(उठते हैं। रमाकान्त पीछे से और उमाकान्त सामने से पकड़ते हैं।)* करते हैं...

माणिक : छोड़ दो उनको... *(दोनों दूर हो जाते हैं। माणिक सहारा देकर पपा को बिठाती है।)* बैठ जाइए पपा आप। शान्त होइए। चेक लिख दीजिए। *(पेन देती है।)*

[असहनीय तनाव और उखड़े नशे की वजह से एक सुर में रोने लगते हैं। चेक बुक निकालकर चेक लिखते हैं।]

उमाकान्त : *(चेक छीनकर)* साला खून अभी तक बह रहा है।

रमाकान्त : ठहरो, मैं टिंक्चर लाता हूँ...

पपा : नहीं! मार डालोगे मुझको तुम लोग! *(रोकर)* बहू ऽ कहाँ हो तुम? ये मुझे मारे डाल रहे हैं। बहू ऽ...

[तुलसीघरे के पास खड़ी रमा दरवाज़े की ओर दौड़ती है। दरवाज़ा बन्द है। छटपटाती है।]

माणिक : *(रमाकान्त और उमाकान्त से इशारेबाज़ी करके)* ठहरिए पपा, मैं बुलाती हूँ भाभी को। *(पहले रिसीवर पिन के ऊपर रखती है; फिर दरवज़ा खोलती है। रमा दिखाई पड़ती है। तिरस्कार से रमा को देखती है, लेकिन आवाज़ में पर्याप्त मृदुता भरकर)* भाभी, पपा तुम्हें बुला रहे हैं। *(रमा दौड़कर आती है। देखकर स्तम्भित हो जाती है।)* देख क्या रही हो पागल की तरह? एक्सीडेण्ट हो गया है। पहले टिंक्चर लाओ, जाओ भागो...*(इस बीच पपा उठकर भाग जाते हैं।)*

[एक क्षण अँधेरा। उजाला सिर्फ पिछले पैसेज में। पपा धोती सँभालते पीछे की ओर देखते हुए भागते नज़र आते हैं। गिद्धों का चीत्कार।]

[पूरा अन्धकार।]

छठा दृश्य

[गैरेज में उजाला। रजनीनाथ बाँहों से घुटनों को घेरे हुए बैठा है।]

रजनीनाथ : पिता नामक एक गिद्ध की इतिश्री की यह कहानी... रमा भाभी के यातना काण्ड का एक सर्ग। बुड्ढा गिद्ध, मुरदार वासनाओं का पिलपिला पिशाच...चला गया... थोबड़ा छिपाकर, पंखों से टसकता...चला गया कोटर छोड़कर...धूल में विफलता की रेखाएँ खींचता...मुरदा, घिनौने झूलती झुर्रियों वाले गालों से। फैलते गये उसके पीछे उसी के आँसू, चमगादड़ के मूत्र की तरह। उपभोग के कीड़ों से सड़े आँसुओं की सड़ाँध अब भी शेष होगी ...यहाँ...वहाँ...क्योंकि गिद्धों के आँसू सूखना नहीं जानते, जैसे इनसानों के सूख जाते हैं आँसू...धरती पर गिरने से पहले...बाकी बच जाती हैं सूखी सिसकियाँ...निशानी बनकर। यहाँ से...यहीं से गुज़रे थे मेरे बाप के टेढ़े-मेढ़े, धूल में घिसटते पाँव...यहाँ से...रोका नहीं था मैंने। गिद्ध की असली औलाद ने नहीं रोका था। उल्टे, कहता रहा था, एक ठोकर और...थोड़ा-सा खून और...ज़ख्म की गहराई और...ताकि ग्रस लिया जाता शायद सड़ा दिमाग ...सड़े दिमाग की गिरी...और सारा खेल हमेशा के लिए ख़त्म हो जाता...ख़त्म हो गयी यों पाँच गिद्धों में से सबसे बड़े, बूढ़े गिद्ध की कहानी...रमा भाभी के यातना काण्ड का पहला सर्ग।

[अन्धकार।]

दूसरा अंक

पहला दृश्य

[दिन। दीवानखाना। रमाकान्त, उमाकान्त और माणिक ताश खेल रहे हैं।]

रमाकान्त : इस बार पिदा के रहूँगा साला, खंक कर दूँगा। पत्ता उठा माणिक, उठा बे उमा। इस दफा रमी मेरी! *(खुद पत्ता उठाता है। उसे रखकर दूसरा चलता है।)* खेलो अब! उठा माणिक, उमा तू बे...साला तब से अकड़ रहा है...उठा पत्ता! साला छुट्टी करता हूँ। हगवा लूँगा साला पैसा...

[उमाकान्त शान्ति से पत्ता उठाता है। एक पत्ता चलता है और बाकी पत्ते नीचे रख देता है। रमी उसकी। माणिक चुपचाप अपने ताश रख देती है। रमाकान्त हक्का-बक्का रह जाता है; सारी शान उतर जाती है।]

रमाकान्त : रमी हो गयी? देखें साला...पत्ते दिखाओ... *(पत्ते देखकर)* हँः! देखा साला, टैक्टिकल ब्लण्डर कर दिया माणिक ने! इसको साला खेलना ही नहीं आता। ताश पकड़े बैठी रहेगी और आँखें बन्द करके चलती जायेगी...हो गया साला लुगाइयों का खेल...साला भेजा हो तो खेले। शुअर रमी थी मेरी इस बार...साला एक पत्ते की कमी से कट गयी...

[उमाकान्त निहायत ठण्डेपन से दोनों के पाइण्ट गिन रहा है।]

उमाकान्त : *(माणिक से)* एक रुपया तेरह आने निकालो। *(रमाकान्त से)* जनाब का सवा रुपया। पिछली बकाया सवा चार। टोटल रुपये साढ़े पाँच निकालिए।

रमाकान्त : तू बदमाशी करता है साला। हर बार तेरी ही रमी कैसे बन जाती है बे? साला हरामीपन करता है।

उमाकान्त : आप ही का भाई हूँ! पैसा निकालो पहले। और तू भी, चुसनी साली...

माणिक : गाली मत दो, कहे देती हूँ।

उमाकान्त : पैसा दे मेरा। नहीं दूँगा गाली।

माणिक : बाद में दूँगी।

उमाकान्त : बाद में? बाद में कब? मुझको होण्डूरवाला समझ रक्खा है क्या? नगद दाम, खरा काम। निकाल पैसा।

रमाकान्त : नहीं दूँ तो क्या कर लेगा?

उमाकान्त : क्या कर लूँगा? हाथ डाल के निकाल लूँगा, समझे?

माणिक : कोई भागा नहीं जा रहा है...सब मिलाकर एक रुपया तेरह आने की ही तो बात है।

उमाकान्त : *(उसकी गर्दन पकड़कर)* पैसा निकाल!

रमाकान्त : मत दे माणिक। हो जाने दे साला...

माणिक : उफ्फ! छोड़ दे उमा स्... छोड़ न...

रमाकान्त : मत छोड़ना उमा! साला पैसा रखवाके ही छोड़ना। साला कैसी छटपटा रही है! दबा गर्दन! मसल दे साला!

माणिक : बाद में देती हूँ, कह तो दिया! इस वक़्त नहीं है मेरे पास। थे, ख़त्म हो गये।

रमाकान्त : क्यों? क्या होण्डूर के बच्चे से वायदे का सौदा करती है साला!

माणिक : *(तिलमिला उठती है। झटके में गर्दन छुड़ाकर)* रमा, ज़बान सँभालकर बात कर! वो पैसे की बात नहीं है, कहे देती हूँ!

रमाकान्त : सुन लो ब्रदर! पैसे की बात नहीं है! साला, फिर कौन सी बात है? वो क्या इससे शादी-आदी करने वाला है? मॅरिज? पटरानी ऑफ होण्डूर?

माणिक : हाँ!

रमाकान्त : हाँ? *(बेतहाशा हँसता है; माणिक घबराती है।)* सुन ब्रदर! साला बो ही मसल कि गधे के सिर में सींग और शरबत में हींग! साला वो रण्डीबाज़ माणिक को अपनी रानी बनाएगा! क्वीन साला। *(हँसता है।)* क्वीन!

माणिक : *(क्रोध से)* हाँ-हाँ...बनाएँगे।

रमाकान्त : माणिक डार्लिंग, आई पिटी यू, रियली! पुअर सोल! साला वो तुझको रख-रखा ले तो और बात है। आज के ज़माने में वो भी बुरा नहीं है। क्या ज़माना आ गया साला, बिजनेस भी चौपट हो गया। साला रखैल बनाकर रक्खे तो भी पाँचों उँगलियाँ घी में, माणिक...

माणिक : नहीं-नहीं! वो मुझसे शादी करेंगे।

रमाकान्त : रियली ब्रदर...

माणिक : हाँ, वे मुझसे प्यार करते हैं...समझे?

रमाकान्त : *(अट्टहास कर)* मार डाला! डू यू हियर? *(हाथ मिलाने के लिए हाथ फैलाता है। उमाकान्त हाथ मिलाता है।)* हिज हाईनेस दि महाराजा ऑफ होण्डूर ॲण्ड अवर माणिक...लव अफेयर! रोमान्स! रोमियो-जूलियट... लैला-मजनूँ...साला उस होण्डूरवाले की दो बीवियों की आधा दर्जन औलाद साला...छह...छह! *(हँसता है।)*

उमाकान्त : माणिक हमारी भोली है अभी तलक।

माणिक : रहने दो। उन्होंने मुझको वचन दिया है। तुम लोग क्या जानो?

रमाकान्त : *(हँसकर)* हँः साला, हद हो गयी! वचन! महाराजा ऑफ होण्डूर वचन देता है माणिक को! साला इश्क! शादी करेगा! साला पेट फट जायेगा हँस-हँस के मेरा तो!

उमाकान्त : अगर माणिक होशियारी से काम ले तो बिल्कुल नामुमकिन नहीं है।

रमाकान्त : क्या नामुमकिन नहीं है? मैरिज?

उमाकान्त : अगर पेट फुलवा ले तो...

माणिक : *(चिढ़कर खड़ी हो जाती है। उसका मुँह मोड़कर)* तू चुप रह उमा! बदतमीज़...

रमाकान्त : ओ, आई सी। यानी कैंचीवाला दाँव...क्यों! बदनामी या मैरिज! ब्लेकमेल! तब मुमकिन है।

माणिक : *(गुस्से से)* मैं जाती हूँ...*(जल्दी-जल्दी चली जाती है।)*

रमाकान्त : *(उसके पीछे पेट निकाल कर चलता है और उमा के सामने हाथ फैलाता है।)* हाथ मिलाओ उमा! पक्का!

रमाकान्त : साला क्या कह रहा था मैं? मेरा अन्दाज़ा गलत हो ही नहीं सकता।

उमाकान्त : चाल भी बदल गयी है।

रमाकान्त : साला दाल में काला!

उमाकान्त : शुअर!

रमाकान्त : है ही साला गड़बड़। साला एच.एच. ऑफ होण्डूर एक दम कच्ची हँड़िया है साला।

उमाकान्त : हूँ!

रमाकान्त : ब्रदर, हमारी माणिक भी साला एकदम कच्ची हँड़िया है। *(सिर छूकर)* मगज़ में नहीं उसके साला! यही तो खराबी है। व्हॉट अबाउट अस? ब्रदर? आफ्टर ऑल, यू नो, वी आर हर ब्रदर्स! सगे भाई! वी मस्ट हेल्प हर। हमको मदद करनी चाहिए। क्या समझे?

उमाकान्त : हूँ! बोलते जाओ...

रमाकान्त : *(पास जाकर)* हमीं उस होण्डूरवाले को क्यों न ब्लैकमेल करें?

उमाकान्त : *(तुच्छतापूर्वक)* ताकि वो माणिक से शादी कर ले?

रमाकान्त : ओ, नो-नो-नो। नॉट दैट ब्रदर। हियर मी। माणिक पेट से है। कहेंगे, बन्दोबस्त करता है तो नामा निकाल कैश डाउन। ट्वेन्टी थाउजण्ड। क्या समझे? बल्कि ज़्यादा। अदरवाइज़...साला पब्लिसिटी! पेपर में छपके हाय-हाय हो जाने दो साला!

उमाकान्त : *(चहलकदमी करके)* बात तो पते की है।

रमाकान्त : पते की? साला तिज़ोरी की चाबी है! क्या ज़माना है! मेहनत से कमाने जाओ तो साला धेला नहीं मिलता! जो मेहनत करता है, सो फोकट में मारा जाता है साला! बोल? है न ग्राण्ड?

उमाकान्त : है तो; मगर माणिक को पता न चले! अगर तुम पहल लो तो कोई बात बने...

रमाकान्त : हँः! उसको कौन बताने चला है? उसको करने दो लव्! रोमान्स! पिकनिक! तू मान मेरी बात! यह महाराजा उसे वैसे भी धता बताने वाला है, बेट् साला! अरे, अब पहले जैसा थोड़ा ही रह गया है आदमी! हरामी की जात आदमी साला...एकदम चार सौ बीस।

उमाकान्त : अच्छा, हम लोग जाएँ और माणिक भी जाती रहे, तो? तब तो इसके ज़ोर पर वह महाराज उल्टा हमीं को ट्रॅप करेगा।

रमाकान्त : अरे छोड़ ब्रदर! दॅट्स वेरी सिम्पज् थिंग! माणिक को बन्द करके रक्खेंगे। समझे? उतने टाइम में उसे बाहर ही नहीं निकलने देंगे!

उमाकान्त : तब तो उसे पता चल जायेगा।

रमाकान्त : *(ज़रा सोचकर चुटकी बजाता है।)* ऍक्सिडेण्ट? हाऊ डू यू लाइक दॅट ब्रदर? बोलो! मनेज कर लेंगे। साला हाथ नहीं तो पाँव तोड़ डालेंगे तो कैसे जायेगी बाहर! नॉट विद ए लेग इन प्लास्टर? पाँव में प्लास्टर बाँधकर साला क्या रोमान्स होगा? तो पक्का! फिक्स?

उमाकान्त : मुझे ज़रा सोचने दो।

रमाकान्त : साला सोचता क्या है? सोचो, सोचो साला सोच-सोच कर मर जाओ साला। ऍक्शन चाहिए, ब्रदर ऍक्शन! सोचने दो साला! ऐसा मौका आगे नहीं मिलेगा। महाराजा लोग रह कहाँ गये हैं! ट्वेन्टी थाउजण्ड तो लेकर ही रहेंगे। टेन तुम्हारे, टेन मेरे! क्यों? फिफ्टी-फिफ्टी। कहो तो अभी इसी वक़्त कर डालें। जाओ, बुला लाओ उसको।

[उमाकान्त चला जाता है। कुछ पल तक रमाकान्त अपने प्लान से ही खुश। उसके बार यकायक नाटकीय प्रेम भरे स्वर में पुकारता है।]

रमाकान्त : रमा...रमा...रमा डार्लिंग...

[रमा आती है।]

रमाकान्त : आओ रमा। बैठो थोड़ी देर। बहुत काम करती हो, थक जाती हो। साला घर में कुछ भी तो नहीं है आजकल।

नौकर जो छुट्टी के नाम घर गया तो लौटा ही नहीं है। माली पाजी निकला, नम्बर एक का। सबकी आँखें पैसे पर लगी हैं! साला ईमान नाम को नहीं। नमकहराम, एहसान-फरामोश साला! ऐसे एक कुक देखा है कल ही। समझीं रमा! एकदम फर्स्ट क्लास! तजरबेकार! बड़े लाटसाहब के यहाँ *(इशारे से दिखाकर)* ये भी कर चुका है। ज़रा कास्टूली ज़रूर है मगर रिस्पेक्टब्ली रहना हो तो पॉकेट तो थोड़ी कटेगी ही। क्या समझीं? कार तो रमा अपने को रखनी ही पड़ेगी, बगैर उसके कोई बात नहीं बनती। ट्वेन्टी थाउज़ण्ड ओन्ली! बस! चीप साला। आजकल एक ट्रॅन्जेक्सन चल रहा है। मामला पट जाए तो गाड़ी भी आ जायेगी। फिर देखना, हमारी रमादेवी बैठ कार में चली क्लब में। सोशल वर्क! रमा डियर, तुम आजकल बहुत सूख गयी हो। ज़रा दूध-घी खाया करो अएँ? रेस्ट भी चाहिए। चेंज ऑफ वेदर बहुत ज़रूरी है। बच्चे का क्या, आज नहीं तो कल होगा। कभी-न-कभी तो होगा ही। समझीं? मतलब यह कि वो बात अपने हाथ में थोड़े ही है। साला किसी-किसी को दर्जन भर होते हैं, किसी को एक भी नहीं। कोई भरोसा नहीं साला ...क्या साला लक् है... *(दूसरे विचारों में मग्न)* अच्छा तुम जाओ रमा। काम करो अपना। समझीं? काम पहले! काम तो करना ही पड़ेगा। बाद में बोलेंगे। अच्छा...

[रमा जाती है। रमाकान्त दरवाज़ा भीतर से बन्द कर लेता है। फिर बाहर से बन्द करता है। फ़ोन का रिसीवर उठाकर रख देता है। साइडबोर्ड के करीब जाकर खाली बोतल तोड़ता है। इतने में उमाकान्त और माणिक आते हैं। उसके पीछे से आते-आते उमाकान्त कैन ओपनर उठाता है। माणिक सीधे रमाकान्त के सामने आती है। उसके हाथ में फूटी बोतल देखकर घबराती है। मुड़ती है। पीछे उमाकान्त खड़ा है। उसके हाथ में कैन ओपनर देखकर माणिक

इतनी भयभीत हो जाती है कि मुँह पर ताला पड़ा जाता है। जैसे-तैसे पीछे हटने लगती है। धीरे-धीरे अँधेरा होना शुरू होता है। बहुत-सी चीज़ें एक साथ गिरने की आवाज़ें।]

[पूरा अँधेरा।]

दूसरा दृश्य

[सुबह चिड़ियों के चहचहाने की आवाज़।
रमा गैरेज की ओर आती है। आँचल में कुछ छिपाए हुए है। धीमे-धीमे दरवाज़ा खटखटाती है। आहट पाने की कोशिश करती है। भीतर एकदम सन्नाटा है। दुबारा खटखटाती है। रुककर दुबारा खटखटाने को होती है कि दरवाज़ा खुल जाता है। सामने रजनीनाथ। खुले बदन। आँखें जागने की वजह से लाल। बाल बिखरे हुए।
रमा चौंकती। उसके खुले बदन को पलभर के लिए निरुपाय होकर कनखियों से देखती है। पसोपेश में...]

रजनीनाथ : क्या कहना ही पड़ेगा कि भीतर आओ? *(वह भीतर आ जाती है।)* तुम डर-डरकर ही सारी ज़िन्दगी काट देना। गुस्सा आता है ऐसे आदमियों पर। डरना किससे? उन कायरों से?

रमा : आज हो क्या गया है तुम्हें? *(कहने का अन्दाज़ ऐसा जैसे उसे ही कुछ हो गया है।)*

रजनीनाथ : मुझे तो रोज़ ही कुछ-न-कुछ होता ही रहता है। मेरा खून सड़ गया है। इस खानदान की खासियत है वो...पहले खून सड़ता है, उसके बाद दिमाग...फिर ऐसा लगता है, जैसे कोई जंगली जानवर खून की प्यास से बेचैन होकर शरीर में घुस आया है। तब आदमीयत ख़त्म हो जाती है...

[वह गैरेज का दरवाज़ा बन्द कर देता है।]

रमा : *(एकाएक)* नहीं...दरवाज़ा बन्द मत करो! *(वह चौंकता है।)* मेरा मतलब...दरवाज़ा बन्द करने की क्या ज़रूरत है ...यानी...*(सिर झुका लेती है। उसका परिवर्तन रजनीनाथ महसूस करता है। वह बारम्बार रजनीनाथ के खुले बदन को चोरी से देखती है।)*

रजनीनाथ : लगता है तुम्हें भी कुछ हो गया है। *(उसके निकट जाता है। खड़ा रहता है। वह अधोमुख)* क्या बात है?

रमा : *(घबराकर अस्पष्ट स्वर में)* क्या? कुछ तो नहीं...सच, कुछ भी तो नहीं...सच...*(अनजाने उसके खुले बदन की ओर निगाह चली ही जाती है।)*

रजनीनाथ : लाओ दो, जो देने आयी हो।

रमा : *(चौंककर जैसे चोरी पकड़ी गयी हो।)* अँ? देने? क्या?

रजनीनाथ : चाय देने आयी हो न?

रमा : *(याद आते ही)* देखा, कैसी भुलक्कड़ हूँ...भूल ही गयी थी। लो, मोतीचूर बनाया था मैंने।

रजनीनाथ : *(उसकी दी हुई रकाबी मेज पर रखकर एक लड्डू खाते हुए)* तुम अगर मिट्टी को छू दो तो वह भी मोतीचूर में बदल जाये...

रमा : *(लजाकर)* चलो, रहने भी दो। *(साड़ी के पल्लू से खेलते हुए। रजनीनाथ उसके परिवर्तन से खुश है। एक और लड्डू खाता है।)* कैसा बना है? मगर हाँ, तुमसे पूछना नहीं है, है न? तुम्हारे हिसाब से तो सब कुछ बेस्वाद है...हर चीज़ बदरंग है, बदसूरत है...

रजनीनाथ : *(खाते हुए)* है ही...हर चीज़ बदरंग, बदसूरत, घिनौनी, गलीज...

रमा : ज़रा वैसा मुँह बनाओ! जैसे कड़वी दवा पी हो जुल्लाब की!

रजनीनाथ : ताकि तुम्हें हँसने का मौका मिले।

रमा : बड़े चले हैं हँसने का मौका देने! हाँ, रुलाने को तैयार!

रजनीनाथ : तुम्हारे पति का भाई जो ठहरा!

रमा : *(निश्चयपूर्वक)* जाने दो वह बात। कोई और बात करें। बहुत-सी दूसरी बातें हैं कहने लायक।

रजनीनाथ : *(गोल किए बिछौने पर बैठकर)* आज जल्दी नहीं है शायद?

रमा : रोज़-ब-रोज़ की जल्दी-जल्दी नहीं रह जाती। *(निगाह उसके खुले बदन पर।)*

रजनीनाथ : क्या देख रही हो?

रमा : *(चौंककर)* क्या? कुछ भी नहीं...

रजनीनाथ : कल रात इतनी उमस थी कि जान जा रही थी। हवा ही नहीं चल रही थी। फिर नींद उड़ गयी। बैठा रहा ऐसे ही खुले बदन, कागज़ पर चील-बिलौटे बनाता। तुम्हें आया देख पैंट पहना, वर्ना ऐसे ही अण्डरवियर में था...

रमा : *(रहा नहीं जाता।)* इतना न बनो भाभी के सामने...तुम्हें ऐसे ही देखा है...आधी चड्डी पहने...

रजनीनाथ : सच कहती हो। मगर तुम ज़रूर फ्रॉक पहनने की उमर में साड़ी के थान-के-थान लपेटने लगीं। याद ही नहीं आता कि तुम्हें गौर से कभी देखा हो।

रमा : *(घबराकर)* ऐसे नहीं कहते...लेकिन...कविता सुनाओ न अपनी...*(धरती पर बैठ जाती है।)*

रजनीनाथ : *(अचरज से)* तुम्हें? तुम्हें क्या होगा सुनाकर? गणेशजी और दत्त महाराज की रंगीन चिकनी तसवीरें सँभालकर रखनेवाली तुम...वो एक गब्दुल बच्चे का कैलेण्डर तुमने बरसों सँभालकर रक्खा था...न हाथ-पाँव दिखते थे, न कुछ...बस रुई का गाला था...औरतें जिसे गलगुथना कहती हैं न? बस, वैसा ही! और, घोंट-घोंट के बनाया हुआ *(आवेश में)* बच्चे ऐसे नहीं हुआ करते!

रमा : *(आहत)* मैं क्या जानूँ कैसे हुआ करते हैं...*(गला भर आता है।)*

रजनीनाथ : *(भूल मंजूर कर)* मेरा मतलब वो नहीं था...

रमा : वही था। बहाना क्यों बनाते हो?

रजनीनाथ : *(अपनी जगह से उठकर उसके नज़दीक धरती पर बैठकर)* भूल हो गयी। कहो तो पाँव छूकर माफी माँग लूँ।

रमा : यह कह देते हो और छुट्टी मनाते हो तुम लोग। आज़ाद हो जाते हो, भूल जाने के लिए। *(वह मौन, क्या कहे!)*

यहाँ वह भी नहीं। जानते तो? रोज़-रोज़ मरना। क्षण-क्षण हज़ारों-लाखों बार मरना। लाखों सुइयाँ एक साथ छाती में चुभ रही हों ऐसे पीड़ा...जो दर्द से अन्धा कर देती हैं, पागल कर देती हैं। जो प्राणों को छलनी बना दें ...*(छाती पर हाथ रखकर)* न सहते बनती है, न कहते बनती है। न झेलते ही बनती है, न टालते बनती है। ज़रा भी नहीं, तिनका भर नहीं। लाखों सुइयाँ, हर पल। ऐसे अनगिन पल हर दिन के और ऐसे अनगिनत दिनों का एक-एक लम्बा, काटे न कटनेवाला, सेई के काँटे जैसा एक-एक साल... ऐसे कितने साल बिताये हैं मैंने...कितने साल...ज़िन्दगी बिता दी? मालूम है? मुँह सीकर! न रोई, न चीखी। शिकायत तक नहीं की। नाराज़गी तक ज़ाहिर नहीं की। पर...पर अब और कब तलक यही चलेगा? कब तलक? *(उसके पास दोजानू होकर बैठ जाती है। उसका कन्धा छूकर)* कब तलक सहूँ? सीने में सुइयों की चुभन कब तलक जगाए रहूँ? आँख के आँसू कब तलक बाँध रखूँ? *(रजनीनाथ खामोश। वह आपे में आती है। हाथ हटा लेती है। दूर सरककर)* डर लगता है, अगर किसी रोज मेरा काबू हटा तो आँतों की राह लहू की धाराएँ बह उठेंगी। गले की राह आँतों की चिन्दियाँ और कलेजे की धज्जियाँ ही उगलनी होंगी। और तब कुछ भी बाकी नहीं बचेगा ...जरा भी नहीं। और...अगर फिर भी सब कुछ नहीं मिटेगा...नहीं ही रुकेगा...तो? तो क्या होगा? क्या होगा मेरा? *(आवेश से उसके निकट जाकर)* क्या होगा मेरा? बताओ, मेरा क्या होगा, रोज़ एक नया बाबा, नया स्वामीजी; ज्योतिषी, बैद, हकीम...इनके हुक्म के मुताबिक हर पत्थर के सामने नाक रगड़ो, आँचल पसारो, वही एक सवाल बार-बार पूछो, जो भी वह दे ...भभूत, ताबीज़, धागा, डोरा, गंडा, व्रत-उपवास, परहेज़, सब चुपचाप स्वीकार करो। असलियत क्या है, वह सिर्फ मैं ही जानती हूँ...या जानता है भगवान। सोचा

कई बार कि उनसे साफ-साफ कह दूँ...हिम्मत बाँधकर बता दूँ...जुबान की लगाम तोड़ दूँ...तो भी कुछ नहीं होने वाला है। न समझेंगे, न सोचेंगे, वे वही रहेंगे। वैसे ही धीरज बँधाएँगे...वही झूठी उम्मीदें दिलाएँगे और खुद शराब के नशे में डूब जायेंगे...दुनिया-भर की सारी शराब पीने के बाद कभी ख़त्म भी होगी शराब? कभी सोच भी पायेंगे सही बात? दुनिया-भर के शास्त्री-पंडित, बैद-ओझा, साधू-बैरागी पन्द्रह रोज़ के लिए मर क्यों नहीं जाते? है तो बेकार खयाल, मगर बार-बार मन में उठता है। लगता है कि अगर ऐसा हो जाये, तो उन्हें एक बार असलियत पता तो चल जायेगी। मैं कैसे बताऊँ कि दोष बैद-डाक्टरों का है, नहीं शास्त्री-पंडितों का भी नहीं है, साधू-संन्यासियों का नहीं है, मेरा तक नहीं है। सच कहती हूँ मेरी कोख में कोई खोट नहीं है। मैं...मैं माँ बनने के लिए पैदा हुई हूँ। मिट्टी में ताकत है, भूख है, पर बीज नहीं टिकता है। वह अगर शराब के ज़हर में डूबा हुआ है, कमजोर, दुबला है, अगर सारहीन, बेजान है तो तुम्हीं बताओ, मिट्टी का क्या दोष? फिर भी वह भगवान का स्मरण कर जतन करती है उसे सँभालले का, पोसने का, प्राणपण से...और बीज है कि सूखता ही जाता है, छीजता ही जाता है। हर बार ढह जाता है सपना, सारी आस...एक बार नहीं; दो बार नहीं, अनेक बार यही होता है...यही...मिट्टी की भूख जगती है; और करना पड़ता है निर्जला उपवास ...हमेशा...मुझे बताओ तुम...अगर भूख लगातार भड़कती रहे, और उसे उपवास करना पड़े ऐसा...दिन-ब-दिन, सालहो-साल, तो क्या होगा उस भूखे आदमी का! बताओ! क्या होगा? क्या तब हर साँस मौत नहीं बन जायेगी? *(रजनीनाथ एकाएक उसके कन्धों को पकड़कर उसे अपनी ओर मोड़ता है और वह अपने को छुड़ाकर सरक जाती है।)* पहले के ज़माने में औरतें सत्ती हो

जाया करती थीं, हम उनकी तारीफ़ करते हैं। ज़िन्दा हालत में अपने को भस्म कर लेती थीं...मुर्दा पति की निष्ठा की खातिर। पर सिर्फ एक बार! एक दफा जलकर छुटकारा पा लेती थीं। एक मैं हूँ, जो मेरे मुरदार सुहाग की खातिर हर पल सती होती हूँ...हर क्षण जलती हूँ, झुलसती हूँ...और जानते हो? तुमसे झूठ नहीं कहूँगी...कुछ दिनों से हर रोज़ यही सोचती हूँ कि छुटकारा हासिल कर लूँ...इसे पास कर जाऊँ...जैसे बने, वैसे...फिर दुनिया जो चाहे, कहा करे। ज़िन्दा जला लूँ अपने-आपको या इन्हीं को कुछ खिला दूँ...ज़हर...जैसे कहानी-उपन्यास की बुरी औरतें अच्छे आदमियों को खिला देती हैं...ताकि ये हमेशा-हमेशा के लिए सो जायें...न रहेंगे फिर वे स्वामी जी और ज्योतिषी और बैद और हकीम...न रहेगी शराब में घुली सेज की घिनौनी सुबहत...नहीं सुननी पड़ेंगी टपकती लार में सनी लड़के-बच्चों की बातें...न भड़क उठेगी भूख और न पता चलेगा आँतों का कुलबुलाना ...मैं जानती तो हूँ कि बहुत-कुछ बातों से छुट्टी मिल जायेगी...पर नहीं मालूम कि कैसे मिलेगी...इतनी शक्ति नहीं रही कि मालूम कर सकूँ, वह ठसक अब नहीं रही। यही मानती हूँ कि जैसा भी सुहाग मेरा है, बना रहे, साबित रहे। अगर इस जन्म में माँ न बन सकतीं तो कम-से-कम अच्छी पत्नी बनके तो जी लूँ। मैं कमजोर हूँ। कायर हूँ, तुच्छ हूँ, नालायक हूँ, बहुत-बहुत नाकाबिल हूँ...*(मुँह पल्लू से ढँककर)* जीने के काबिल तक नहीं हूँ ...जाती हूँ...*(रजनीनाथ उसे पकड़कर रोकता है, जिसकी उम्मीद रमा ने नहीं की थी। उससे नज़रें चुराकर)* छोड़ दो मुझे...जाने दो, कोई उठ जायेगा तो मुझे जाना होगा ...*(वह नहीं छोड़ता है। उसे देख रहा है कुछ सोच रहा है। वह अपने को छुड़ाने की कमजोर कोशिश करती है।)* कह दिया न, छोड़ दो। मुझे जाने दो। बेकार तुम्हें तकलीफ दी...*(रजनीनाथ के खुले बदन को देखकर)*

खामखा बकबक की...भुला दीजिए...सब झूठ था... कुछ भी सच नहीं था...मैं...मैं मज़े में हूँ...सच, खुश हूँ...सच...रमा की निगाहें उसकी निगाहों में उलझ जाती हैं। रमा मन्त्रमुग्ध। तेज़ साँसें। वह उससे लिपट जाती है, उसके सीने पर सिर रख देती है। वह उसे हल्के आलिंगन में कस लेता है। आज क्या है तुम्हारे मन में? मुझे देर हो रही है...

रजनीनाथ : तुम्हारे मन में क्या है? *(वह होश में आकर विलग होती है, वह उसका कन्धा पकड़ता है।)* तो फिर क्यों उगल रही हो वह सब? आज ही क्यों? मैं सब जानता हूँ, पहले ही से; यह जानते हुए भी क्यों बताया? जवाब दो। *(वह अधोवदन।)* क्यों सुनाया एक बाँझ बेबस आदमी को, जो तुम्हारी तरह ज़िन्दगी का बोझ भर है? किस चीज की आशा से? *(वह निरुत्तर।)* बहुत अभागा, बहुत निकम्मा कलमघिसुआ हूँ, इसीलिए तुम्हारी रीती कोख का दर्द जानता हूँ...खूब पहचानता हूँ उस कोख का दुःख जो अपने सर्वस्व को दाँव पर लगाकर भी फल नहीं पाती...मैं वही भुगत रहा हूँ...उसी में जल रहा हूँ। *(उसे छोड़कर और मुड़कर)* एक ही वजह है। बीज को घुन ने खा लिया है। ऐसे सब कुछ है, पर जो उसे सार्थकता देगा, वही सड़ गया है। रोग की तरह अभिशाप का साया है उस पर...हम पर, हम सब पर, अगर तुम्हें छुटकारा मिल रहा है...किसी भी कीमत पर...तो क्यों न तुम हासिल करो? *(उसकी ओर मुड़ता है उसे थाम लेता है।)* अगर छुटकारा पाने में मेरी मदद चाहिए तो मैं क्यों इनकार कर दूँ? क्यों? पाप और पुण्य की बातें औरों के लिए हैं। जिन पर शाप गिरा है, महाभयानक, उनके लिए सिर्फ शाप है...और एक जलता हुआ बदन है, एक झुलसता हुआ मन है...

[आवेग सहित रमा को अपनी ओर खींचता है। वह भी ऐसे ही आवेग से उससे लिपट जाती है। वह

अपनी अँजुली से उसका मुख घेरकर उसकी आँखों में झाँकता है। आरपार देखते-देखते सिर झुकाकर, उससे अलग होकर पीठ करके खड़ा हो जाता है। शर्म से मुँह छिपा लेता है। वह धीरे से उसके पास जाती है, उससे सटकर खड़ी हो जाती है। उसकी नंगी पीठ पर सिर टिका देती है।]

[अँधेरा।]

तीसरा दृश्य

[रात काफी ढल चुकी है। दीवानखाना। उमाकान्त और रमाकान्त। नशे में धुत। चारों ओर पाने की सामग्री बिखरी हुई। उदासी भरा वातावरण।]

रमाकान्त : चियर्स फॉर साला होण्डूर का महाराज!

उमाकान्त : नो-नो, होण्डूर का महाराजा का बच्चा! चियर हिम! चियर दि बिचू!

रमाकान्त : चियर्स फॉर होण्डूर का महाराजा का बच्चा! *(पीता है।)* डियर मणिक...डियर-डियर मणिक...महाराजा इससे शादी करेगा! ग्रेट! होण्डूर के बच्चे की मदद से शादी करेगा होण्डूर का महाराजा! ग्रेट!

उमाकान्त : रात को बहुत चिल्लाई।

रमाकान्त : यू नो, घबरा गयी थी...यू नो ब्रदर, उसको लगा कि हम लोग उसको...हूँ! *(हँसता है।)* नेचुरल यू नो, उसको लगा, हम उसका खून कर देंगे।

उमाकान्त : खून? माई फुट! वेस्ट ऑफ टाइम।

रमाकान्त : साला बोनसेटर भी दोपहर तक नहीं आया। व्हॉट निगलीजेन्स, ब्रदर हड्डी टूटी रात को, और बोनसेटर दोपहर तक गायब? लापता!

उमाकान्त : मैं फर्स्ट एड दे रहा था तो कैसे चिल्लाई कुत्ती!

रमाकान्त : ब्रदर डर गयी थी, यू नो? नॅचुरल!

उमाकान्त : आई नो! भाई से डरती है, और होण्डूरवाले से...

रमाकान्त : नॅचुरल, ब्रदर नॅचुरल!

उमाकान्त : नॅचुरल माई फुट!

रमाकान्त : लेकिन ब्रदर, काम तो चौक्कस हो गया! बाहर नहीं निकल सकती माणिक। पाँव में फ्रेक्चर! प्लास्टर! पेट में बच्चा। ब्रदर, अब वह होण्डूर का बच्चा हमारी मुट्ठी में है। कम-से-कम पच्चीस हज़ार पक्का, उमा। ब्लैकमेल साला!

उमाकान्त : ब्लैकमेल माई फुट!

रमाकान्त : पैसा निकालो, नहीं तो पेपर में पब्लिसिटी! पैसा नहीं तो पब्लिसिटी! बस! ब्रदर, वह रुपया ओकेगा। बच के नहीं जा सकता। दस तेरे, पन्द्रह मेरे... *(उस हालत में भी उमाकान्त उठता है।)* ऑल राइट, साढ़े बारह-साढ़े बारह ...ऑल राइट? सॅटिसफाइड? साला तुझको सॅटिसफक्शन कभी होता भी है?

उमाकान्त : सॅटिसफेक्शन माई फुट! रमा, साढ़े बारह उगलवा लूँगा ...माणिक को मैंने धक्का दिया था...नो जोक!

रमाकान्त : लेकिन चान्स किसने दिया था? ब्रदर, तुमको चान्स किसने दिया था? अदरवाइज़ सिम्पल...मैं खुद ही धक्का दे देता। सिम्पल। तुम्हें चान्स दिया ब्रदर...सगा भाई, यू नो, राम-लक्ष्मन। ब्रदर, माणिक का रास्ता किसने रोका था? लुक काट खाया कुत्ती ने।

उमाकान्त : मैं पूरा रुपया गिनवा लूँगा, छोड़ूँगा नहीं साले तेरे बाप को...नो जोक..साढ़े बारह हज़ार रखवा लूँगा...

[फ़ोन की घण्टी बज उठती है।]

रमाकान्त : *(उमाकान्त का हाथ पकड़कर नाचना शुरू कर देता है।)* ट्र ला ला...ला...लाला...ब्लैकमेल...रुपया या पब्लिसिटी ...फन...ग्रेट फन साला...ब्लैकमेल...

[फोन की घण्टी बज रही है।]

उमाकान्त : फोन माई फुट। रमा...

रमाकान्त : बजने दे भैया...बजाओ, बजाओ मुरली। फन साला। ब्लैकमेल...पॉश साला...कार, बैंगलो, लेडी सेकेट्री...बजने दे...

उमाकान्त : नो जोक, रमा, यू नो, उगलवा लूँगा, नो जोक। *(फ़ोन से)* यू शडॉप्!

[फ़ोन की घण्टी अविरत बज रही है।]

रमाकान्त : साला बन्द ही नहीं होता! ब्रदर। उसको...साले को... *(लड़खड़ाते कदमों से साइडबोर्ड तक जाता है। गिलास रखकर रिसीवर उठाता है।)* हैलोऽ—यू रास्कल...बास्टर्ड साला...रात को खालीपीली क्यों...अभी नहीं...बाद में ...नहीं...चले जाओ! चले जाओ बोलता न हम? फ़ोन रखकर चला जाओ! अभी नहीं...नहीं...अभी... *(फ़ोन में सुनता रहता है। चेहरे का रंग बदलता है।)* नहीं... क्या...? नहीं... *(सुनकर)* क्या? हॅट्र साला नहीं-नहीं! *(सुनता हुआ बड़बड़ाता है।)* नहीं...हाट? *(सुन रहा है। चेहरा फक। रिसीवर हाथ से छूट जाता है। जैसे-तैसे खड़ा है।)* हॅट्र साला...साला ये क्या?...हो ही नहीं सकता...झूठ है ये...

उमाकान्त : उगलवा लूँगा रमा...साढ़े बारह...धेला...कमती नहीं लूँगा पाजी...माणिक को मैंने धक्का दिया था...मैंने...

रमाकान्त : हो ही नहीं सकता... *(आगे बढ़ते-बढ़ते गिर पड़ता है। सिर उमाकान्त के पैरों के पास। हाथ-पाँव पटकता है। चिल्लाकर)* शूट कर दूँगा साला फ़ोन को...साला—

उमाकान्त : *(स्टूल पर से उठकर उसके पास उकडूँ बैठकर)* साढ़े बारह...कमीने नहीं कमीने...

रमाकान्त : *(उमाकान्त की गर्दन पकड़कर उठता हुआ)* उमा, होण्डूर वाला डेड! होण्डूरवाला डेड। हार्ट फेल हो गया उसका! मर गया...मर गया, उमा, होण्डूरवाला मर गया! खतम को गया! खतम *(उठकर फ़ोन के करीब जाकर)* हॅट्र साला, हॅट्र... *(फोन की ओर अविश्वास भरी परन्तु कातर दृष्टि से देखकर)* होण्डूरवाला हाथ से निकल गया। मर गया।

[उमाकान्त निर्विकार भाव से उठकर स्टूल पर जाता है। शान्ति से पीता हुआ। रमाकान्त अपना गिलास उठाकर सोफा पर जा बैठता है। उखड़ चुका है।]

रमाकान्त : अपना मुकद्दर ही साला हरामी है! एकदम हरामी! रास्कल! शूट कर देगा साला! वो महाराज भी हरामी!

उमाकान्त : नहीं, वो नहीं हरामी। वो डेड्। हार्ट अटैक। उसकी जान ही चली गयी तो वो क्या करेगा?

रमाकान्त : क्यों चली गयी? आज ही क्यों चली गयी? कॉन्स्पिरेसी साला...

उमाकान्त : कॉन्स्पिरेसी नहीं। एक्सिडेन्ट। हार्ट अॅटैक! जान चली गयी...पूरी चली गयी। फिर कुछ नहीं बचता। मरना ही पड़ता है।

रमाकान्त : बकवास बन्द कर! कॉन्स्पिरेसी थी। हमको बरबाद करना चाहता था। सब साला हमारी बरबादी पर तुले हुए हैं, ब्रदर, ऑल!

उमाकान्त : हम लोग भी अपनी बरबादी पर तुले हैं। पैदा होने के पहले से।

रमाकान्त : साला आई फील लाइक ए बिच्! सुअर साला!

उमाकान्त : हमारा बाप सुअर! *(उठकर रमाकान्त के पास जाता है।)*

रमाकान्त : सुअर साला! हमको टपकाया साला!

उमाकान्त : और पाल-पोसकर बड़ा किया...

रमाकान्त : वो दाई का काम। वो भी साली रण्डी, नम्बरी। यू नो ब्रदर, मैं छोटा था तो मुझे खेलने के नाम टरका देती थी, और साला चौकीदार के साथ मौज उड़ाती थी। कुत्ती साली। उस साली का दूध पीकर हम बड़े हुए। सब हरामी! सबके सब हरामी! शूट कर देना चाहिए।

उमाकान्त : *(दोनों के खाली गिलास भरने जाते हुए)* शूट अपने को करना चाहिए। शूट तुमको कर देना चाहिए।

रमाकान्त : और तुम्हारी शादी कर देनी चाहिए।

उमाकान्त : शडाप्! सारी शादियाँ पपा ने कर लीं। *(गले के भीतर हँसकर)* मेरे लिए बची ही नहीं...मेरे लिए बची ही नहीं...

रमाकान्त : घबराओ मत ब्रदर। हम तुम्हारी शादी करा देंगे...सुपारी से।

उमाकान्त : फिर मेरे बच्चे होंगे, सुपारी के! *(गले में हँसता है। रमाकान्त को गिलास थमाता है।)*

रमाकान्त : साला होंगे, होकर ही रहेंगे। साला मुझको भी होंगे। एक लड़का, यू नो...बॉय! सन!

उमाकान्त : *(अपनी जगह बैठकर)* तुमको बन्दर होगा! गधे के कान वाला, तीन पाँव का! *(गले में हँसकर)* और पैदा होते ही मरा हुआ!

रमाकान्त : *(हाथ में पकड़े गिलास को तोड़कर)* नहीं! *(एकाएक चुप। मुँह हथेली में छिपा लेता है, हाथ हटाता है। उठकर दूसरा गिलास भरता है।)* ब्रदर, माणिक मर गयी या ज़िन्दा है?

उमाकान्त : माणिक सती हो गयी। महाराज के साथ।

रमाकान्त : झूठा साला! पाँव टूटने के बाद कैसे सती हो जायेगी? साला बैठते ही नहीं बनेगा...चिता पर...

उमाकान्त : बच्चे पर बैठेगी...पेट के।

रमाकान्त : आयडिया! फर्स्ट क्लास सीन! हाउस फुल का एक सौ आठवाँ वीक! हमारी माणिक पेट के बच्चे पर बैठ के सती हो रही है! टेक्निकलर साला!

उमाकान्त : आऽह! क्या जलेगी चिता!

रमाकान्त : साला लपटें आसमान को छूयेंगी!

उमाकान्त : हवाई जहाज़ में बैठकर देखने वाली चीज़! बर्ड्स आई! *(गले में हँसता है।)*

रमाकान्त : टेक्निकलर! टिकट बेचकर पैसा बनायेंगे साला। सब कर्ज़ा उतार देंगे...बेंगलो, शोफर, कार...पॉश साला।

उमाकान्त : बच्चा फिर भी नहीं होगा।

रमाकान्त : *(यकायक उठकर उसकी गर्दन पकड़ लेता है। कर्कश स्वर में)* शटाप् यू! यू बगर। यू बिच्!। यू...यू सूअर साला हरामी। आई विल शूट यू!

उमाकान्त : *(शान्ति से उसका हाथ गिराकर)* शूट माई शू! शूट करेगा पाजी! और पी...पी साले...

रमाकान्त : *(सिर पकड़कर बैठ जाता है।)* साला सब हरामी। एकदम हरामी साला। लक् भी हरामी।

उमाकान्त : माणिक का महाराजा मर गया। खल्लास!

रमाकान्त : हरामी साला!

उमाकान्त : हरामी पर मरा हुआ, डेड्!

रमाकान्त : ब्रदर, ज़रा इधर आना।

उमाकान्त : तुम्हीं आओ।

रमाकान्त : साला इधर आओ...बोल दिया न! *(उमाकान्त लड़खड़ाते कदमों से उसके पास जाता है।)* कान इधर को करो। *(उमाकान्त झुकता है।)* महाराजा है...ज़िन्दा है... माणिक के पेट में...साला हरामी साला...दुश्मन साला ...दगाबाज़...आई शूट हिम ब्रदर!

उमाकान्त : नो, शूट माई शू!

रमाकान्त : ब्रदर, नो जोक। हमारा दुश्मन साला...दगाबाज़ साला... हरामी साला...

उमाकान्त : *(उसका कन्धा पकड़कर)* गिरा देंगे माणिक के पेट में छिपा महाराजा! एक किक्...महाराजा बाहर!

रमाकान्त : आइडिया साला! गिरा देंगे। गिरा देंगे साला। गिरा देंगे। दोगली औलाद साली। तू चल। महाराजा की औलाद को ख़त्म कर देंगे साला। तू चल पहले। साला चिल्लाने दे माणिक को गला फटने तक। क्या चिल्लाएगी साला! तमाशा साला! गिरा देंगे। महाराजा को पेट में छिपाती है साला...चल तू ब्रदर...चल...*(दोनों एक-दूसरे को पकड़कर लड़खड़ाते हुए चलते हैं।)* दोगली औलाद साला...दगाबाज़ ...की...गिरा देंगे...मिटा देंगे साला...

उमाकान्त : *(उसे मुश्किल से रोककर)* ठहरो। ज़रा-सी पीकर मुझे फुटबॉल की प्रैक्टिस नहीं है। तुम किक् जमाना। *(गले में हँसकर)* किक्!

रमाकान्त : तू चल तो! साले ऐसी किक् मारूँगा कि महाराजा आसमान से बातें करेगा साला! चल...*(दोनों बड़बड़ाते हुए, नशे में धुत आवाज़ में माणिक को पुकारते हुए जाते हैं। लड़खड़ाते हुए।)*

[दोनों की बड़बड़ाने की आवाज़ें। दरवाज़े पर धक्का देने की आवाज़ें।]

'माणिक, दरवाज़ा खेल!'

'दरवाज़ा खोल माणिक!'

'माणिक!'

[पुकारने का टेम्पो बढ़ता जाता है। क्षण-भर सन्नाटा।

उसके बाद अचानक माणिक की भयानक चीख। पल भर बाद चीखती-चिल्लाती माणिक पंख-कटी चिड़िया की तरह लँगड़ाती हुई ज़ीना उतरती दिखाई पड़ती है। उसके एक पाँव पर प्लास्टर चढ़ा हुआ। सफेद साड़ी लहू से सनी। हाथ से पेट दबाए हुए। वेदना से छटपटाती हुई पीछे मुड़कर देखती-देखती बाहर चली जाती है। पिछले पैसेज में गुज़रती हुई दिखाई पड़ती है। पैसेज के दूसरे सिरे पर पपा पिशाचवत् हँसते हुए खड़े।]

[अँधेरा।]

चौथा दृश्य

[बेडरूम में रमा पलँग पर लेटी हुई है। दीवानखाने में रमाकान्त। दर्शकों की ओर पीठ करके खड़ा है। ज़रा देर खड़े रहकर ज़ीना पार करके ऊपर आता है। रमा के पास बैठ जाता है।

दीवानखाने में तीन खाकी वर्दी वाले आते हैं। दो लोग सोफा उठाकर ले जाते हैं। एक आदमी फ़ोन और रिकॉर्डप्लेयर ले जाता है। इसी बीच रमाकान्त गोलियों की शीशी में से एक गोली रमा को देता है। वह गोली खाती है। रमाकान्त के दिये गिलास से दो घूँट पानी पीती है। रमाकान्त गिलास स्टूल पर रखता है और रमा के करीब बैठ जाता है। चिन्ताग्रस्त। कुछ पलों बाद जाने को उठता है। लेटी हुई रमा फुर्ती से उठ बैठती है और उसका कन्धा पकड़ लेती है।]

रमा : कहाँ जा रहे हैं आप? मेरे पास बैठ जाइए। मुझे डर लग रहा है।

रमाकान्त : पागल हो गयी हो? डर किस बात का? बेकार डरती हो। सो जाओ। अच्छी-अच्छी बातें सोचो! तुम अब अकेली थोड़े ही हो, दो-दो प्रान हैं। अपनी सेहत का ख़याल रक्खो। कुछ ही दिनों की तो बात है।

रमा : मुझे नींद नहीं आती; बिल्कुल नहीं आती। ज़रा आँख लगती है तो डरावने सपने दिखाई पड़ते हैं।

रमाकान्त : वो सपने ही ठहरे! उनसे क्या डरना?

रमा : जाने क्या-क्या दिखता है, आवाज़ें सुनायी पड़ती हैं। मुझे बहुत डर लगता है।

रमाकान्त : क्या दिखता है? फ्री पास का सिनेमा समझकर देखो और भूल जाओ।

रमा : दिखता है कि... *(उठने की कोशिश कर)* मेरा बच्चा मुझसे कोई छीन रहा है...

रमाकान्त : *(उसे लिटाते हुए)* पागल हो तुम। कर्वे ज्योतिषी ने क्या कहा था, याद है? कल साईंबाबा की भभूत भी आ गयी है। दवा, इन्जेक्शन रोज़ चल रहा है। दिन-भर में रेग्युलर दस रुपये उड़ जाते हैं। सात रुपये तो साला सिर्फ गोलियाँ चाट जाती हैं! इससे ज़्यादा कोई क्या करे?

रमा : मेरे पास बैठ जाइए। यहाँ से कहीं मत जाइए।

रमाकान्त : बहुत खूब! बैठे रहिए तो धन्धापानी कौन कीजिए?

रमा : यह मकान मुझे खाने को आता है, यह कमरा मुझे जकड़ लेता है। इस खिड़की में कभी-कभी मुझे वो दिखाई देते हैं...वो दोनों...

रमाकान्त : दोनों कौन?

रमा : पपा और माणिक बीबी जी लगातार घूरते हैं...लाल, अंगार जैरी आँखों से...

रमाकान्त : और नहीं दिखता कुछ? सब वहम है तुम्हारा। बिला वजह डरा करती हो। और अगर दिखते भी हों तो क्या हुआ? डरपोक साली...घुग्घू साला...किसकी हिम्मत है इस तरफ देखने की? शूट कर दूँगा हर साले को...

रमा : लगता है जैसे छाती पर मन भर की सिल रक्खी हो। दम घुटता है। ऐसा लगता है कि अब जान गयी...अब गयी...

रमाकान्त : जान-आन कुछ नहीं जाती। थोड़े ही दिन बाकी हैं। चार महीने जाते समय ही क्या लगता है। फिर देखना, आयेगा एक नन्हा-सा राजकुमार, जिसको खिलाया करेंगी हमारी रमा रानी...पता ही नहीं चलेगा, कब सुबह होती है, कब शाम। साला पति तक से वास्ता नहीं रह जाता औरतों का...साला बच्चा-ही-बच्चा...

रमा : *(स्वप्निल होकर)* मैं माँ बनूँगी। क्या सचमुच मैं माँ बनूँगी?

रमाकान्त : और नहीं तो क्या मैं बनूँगा? वो जो दाई और पालना और जाने क्या-क्या पक्का कर रक्खा है, वो क्या मेरे लिए है? पालना तो नया ही बनवाने का इरादा था, मगर कहते हैं कि पुराना ही होना चाहिए जिसमें खूब सारे बच्चे खेल चुके हों। तभी तो साला जान-बूझकर कबाड़ में से निकलवाया, रंग दिलवाया। हम सब लोग साला उसी में पलकर बड़े हुए।

रमा : मैं माँ बनूँगी...*(हँसती है। उसकी हँसी में हल्का पागलपन झलकता है।)*

रमाकान्त : बस करो अब! बहुत हुआ हँसना। बन्द! इस हालत में ज़्यादा हँसोगी तो नुकसान होगा। इन दिनों में सब बातों का बहुत ख़याल रखना चाहिए। और यह पाँचवाँ महीना, सबसे ख़तरनाक साला!

रमा : *(कातर स्वर में)* सचमुच ख़तरनाक होता है?

रमाकान्त : खतरनाक...मतलब वैसा ख़तरनाक नहीं होता। मेरा मतलब यह कि बहुत सँभलकर रहना चाहिए। लेटे रहना चाहिए। रेस्ट किसा करो भरपूर। साला हमसे नहीं कोई कहता कि रेस्ट करो। तुमसे कहते हैं तो रोया करती हो कि सपने आते हैं और दम घुटता है साला...

रमा : अब नहीं रोऊँगी।

रमाकान्त : दैट्स ए गुड् गर्ल! *(उठकर)* तो मैं जाऊँ?

रमा : एक बात पूछूँ?

रमाकान्त : *(पसोपेश में)* क्या पूछोगी?

रमा : वो नीचे कौन लोग आये थे आपसे मिलने? *(वह स्तम्भित)* मैंने सुना था। बहुत ज़ोर से बोल रहे थे। आप भी गरम हो गये। सोचा कहीं झगड़ा न हो जाये। नीचे आने वाली थी...मगर आपने इस कमरे का दरवाज़ा ही बन्द कर दिया था बाहर से। *(वह ख़ामोश।)* कौन थे वो लोग? यहाँ क्यों आये थे? जाने क्या-क्या कह रहे थे आपसे...

रमाकान्त : *(जैसे-तैसे)* औरतजात साला...यही तो आफत है...साला

दुनिया-भर की पूछताछ...ये क्या है, वो क्या है...साला मरदों को कुछ पूरा-पक्का करने ही नहीं देतीं। हर बात में टाँग घुसेड़ती हो...*(रमा करवट बदलती है।)* मेरा वो मतलब नहीं...धन्धा-कारोबार का मामला है साला, कुछ-न-कुछ होता ही रहता है।

रमा : मगर घर पर क्यों?

रमाकान्त : तो और कहाँ? ऑफिस में साला इम्पार्टेन्ट टॉक् का टाइम मिलता कहाँ है? लगातार लोग आते रहते हैं। दूसरा वो फ़ोन साला...फिर आउट-डोर का काम...कन्स्ट्रक्शन वर्क अटेन्ड करना पड़ता है। रेनी सीज़न सिर पर है...

रमा : आज ऑफिस क्यों नहीं गये आप?

रमाकान्त : *(अटककर)* साला...बोर नहीं होता क्या आदमी? रोज़-के रोज़ वही काम साला...यह बिजनेस क्या, साला टार्चर है। लेबर का मामला...रोज़ साला सिरदर्द...

रमा : मत कीजिए यह सब...

रमाकान्त : तो फिर क्या कीजिए?

रमा : *(आवेश सहित)* कहीं नौकरी कर लीजिए...जो भी मिल जाये...भले ही कम तनखा मिले...जितना मिलेगा उसी में गुज़र कर लेंगे। सच आप...मैं, हमारा बच्चा...हम तीनों ...रूखी-सूखी खाकर गुज़ार लेंगे। मेहनत करेंगे, मैं सब सह लूँगी। पर इस घुटन से निकल चलिए। यह भयानक स्वाँग कितने दिल चलेगा? बहुत हो ली यह जानलेवा धोखाधड़ी! सच कहती हूँ...छोड़ दीजिए इस भूतों के डेरे को...कहीं और चलिए...इस मकान में रहते कोई सुखी नहीं हो सकता, हो ही नहीं सकता...कभी नहीं हो सकता! मेरी बात मान लीजिए, मानेंगे? इसके बाद कुछ नहीं माँगूँगी, कभी नहीं। जैसे रखेंगे, रह लूँगी, जैसे अब तक रही हूँ...होंठ सीकर...सिर झुकाकर...*(रमाकान्त के मुख के भावों का परिवर्तन अब देख पाती है। देख लेती है तो भय से चुप हो जाती है।)*

रमाकान्त : *(शुरू में ढहता जाता है, बाद में पैर जमाता है। उसके चुप हो जाने के बाद सारी ताकत जुटाकर)* देखो रमा,

एक बात समझ लो। औरतों से नसीहत सीखने का रिवाज़ इस घर में नहीं चलता। हमारे घराने में जोरू का गुलाम बनकर जीने वाला मरद पैदा नहीं हुआ। समझती हो? हम खुद जानते हैं, क्या करना है, क्या नहीं करना है। समझीं? औरतों से सलाह नहीं लेते हम लोग। जाऊँ मैं? तुम रेस्ट करो अच्छी तरह। आराम करो। बेकार बातें मत सोचा करो। तुम्हारा मरद अभी ज़िन्दा है, आया दिमाग में? *(उसे बिछौने पर लिटाकर)* मॉर्निंग-ईवनिंग में मिल्क पिया करो। फ्रूट्स खाया करो। मैं कह दूँगा फ्रूटवाले से भेज देने को। अच्छा, मैं चला। एक...वो अपॉइन्टमेन्ट जो है...

[नीचे जाता है। जाकर बोतल निकालता है। ऊपर रमा लेटी है। तकिये में सिर छुपाकर सिसकियाँ भरती है।]

[अँधेरा।]

पाँचवाँ दृश्य

[वही स्थान। रमाकान्त शराब पीकर चेयर पर अधलेटा बैठा है। उसके करीब शराब की बोतल, गिलास।] प्रकाश सिर्फ रमाकान्त पर।

रमाकान्त की ध्वनिमुद्रित आवाज़ : सच कहता हूँ रमा, साला हमारा मुन्ना हमारे लिए बड़ी तकदीर वाला साबित होगा। उसके आने के बाद हमें कोई तकलीफ नहीं रहेगी! समझीं? आजकल मेरा एक ट्रांजेक्शन चल रहा है, वो पूरा हो जाये तो फिर देखना ...सालाकार, शोफर...बेंगलो साला एकदम रिनोवेट कर देंगे। एक और फ्लोर चढ़ाएँगे साला। पॉश कर देंगे साला। बावर्ची, खानसामा, गेट पर गुरखा और तुम्हारे हुकुम के ताबेदार साला आठ-दस सर्वेन्ट्स। रोज़ साला रेडियो-क्लब में डिनर। तुम फिकर नहीं करो रमा। सब ठीक हो जायेगा। किडी को कॉन्वेंट में पढ़ायेंगे हम। उसके बाद सीधे साला राजकुमार कॉलेज, देल्ही। येस...जाना चाहे तो ऑक्सफोर्ड...साला इंडिया की फर्स्ट रेट कन्स्ट्रक्शन फर्म का मैनेजिंग डायरेक्टर बनेगा ...वो मज़ाक नहीं...साला अपटूडेट होना माँगता एकदम। डोंच्यू वरी रमा। तुम देखती जाओ। टेक रेस्ट। ह्वॉट? फ्रूट्स बढ़िया चीज़! मॉर्निंग-ईवनिंग में मिल्क पिया करो। वो भी साला हेल्थ के लिए मुफीद...

[दीवानखाना धीरे-धीरे प्रकाशित होता है। ध्वनिमुद्रित अंश समाप्त। दिखाई पड़ता है रमाकान्त के सामने

बैठा हुआ उमाकान्त जो पाइप पी रहा है। कुछ पल निस्तब्धता। उमाकान्त रमाकान्त की ओर टकटकी बाँधे पाइप पी रहा है। रमाकान्त को होश नहीं है। वह अचानक चौंक उठता है, जैसे भयानक सपना देखकर जगा हो।]

रमाकान्त : *(अपने को बटोरकर)* हॅलो...

उमाकान्त : फ़ोन क्यों कट गया?

[सवाल रमाकान्त की समझ में नहीं आता।]

रमाकान्त : ज़रा आँख लग गयी थी...

उमाकान्त : सोफा रिनोवेट होकर कब आ रहा है?

रमाकान्त : सोफा...सोफा... *(अभी भी दिमाग में सवाल नहीं घुस रहा है।)*

उमाकान्त : रेडियोग्राम जो शादी में मँगनी गया हुआ था, वो अभी तक क्यों नहीं आया?

[रमाकान्त तेज़ी से कोशिश कर रहा है कि दिमाग काम करने लगे]

उमाकान्त : क्यों बे! आज कौन-सा नया बहाना है?

रमाकान्त : नया?...नो। बट ब्रदर, दैट्स माई एफेयर, यू नो...

रमाकान्त : माँ के ज़ेवर कहाँ हैं? या वो भी तुम्हारे अकेले ही का एफेयर है।

रमाकान्त : ज़ेवर बैंक में। सेफ डिपॉजिट। साला जोखम कौन घर पर रक्खे!

उमाकान्त : मुझसे परमिशन ली थी? तेरे बाप का माल है? दोनों का शेयर है उसमें।

रमाकान्त : कौन साला मना करता है?

उमाकान्त : माणिक की रकमवाला मेरा शेयर कब मिलेगा?

रमाकान्त : दे देंगे साला, चिल्लाने की क्या ज़रूरत?

उमाकान्त : कौन चिल्ला रहा है? पपा के उस सेपरेट अकाउण्ट का क्या बना? माणिक के शेयर का फिफ्टी-फिफ्टी डिवाइड होगा मेरे-तुम्हारे बीच...

रमाकान्त : *(नकली हँसी। उठ खड़ा होता है।)* ब्रदर, आज क्या साला स्टॉक-टेकिंग की डेट है? अएँ! साला लिस्ट पढ़ रहे हो?

उमाकान्त : बात मत बदल। ज़माने से तुझको पहचानता हूँ। ऑफिस में ताला पड़ गया...सच या झूठ?

रमाकान्त : हो सकता है...साला हाऊ आर यू कन्सर्न्ड?

उमाकान्त : क्रेडिटर्स मकान खाली करवाने पर तुले हैं...सच या झूठ?

रमाकान्त : ब्रदर, यू सी...दॅट्स...

उमाकान्त : मकान डबल मॉर्गेज है...सच या झूठ?

रमाकान्त : *(परेशान होकर कुर्सी में लेटते हुए)* आई एम नॉट बाउण्ड टु रिप्लाई...

उमाकान्त : साले है क्या तेरे पास जो रिप्लाई देगा? सब बरबाद कर दिया तूने। यू आर फिनिश्ड। दो दिन से ज़्यादा नहीं जी सकता।

रमाकान्त : *(भयभीत)* ह्वॉट यू...तुमको क्या मालूम साला? बिना मतलब हाँकता है...

उमाकान्त : जो मुझे मालूम है, वो तुझे भी मालूम है। निपट खाली खोपड़ी तेरी, कुछ घुसे उसमें तब न! मगर घुसे तो ज़हर खाकर मर जायेगा।

रमाकान्त : ज़हर कोई जोक नहीं है उमा! *(उसकी गर्दन पकड़ता है, उमाकान्त झटके से छुड़ाता है।)* जाओ, रास्ता नापो अपना। साला डराता है मुझको। पिस्सू साला, पौने आठ साला। मैं देख लूँगा, अपने ही निपट लूँगा...

उमाकान्त : क्या निपटने चला है तू? मकान डबल मॉर्गेज़। माँ के ज़ेवर मारवाड़ी की बण्डी में। ऑफिस में ताला। अकाउण्ट को बैंक अॅटैच कर लेगा। क्रेडिटर्स बाकी बची प्रॉपर्टी पर कौए की तरह टूट पड़ेंगे। पपा के अकाउण्ट का पहले ही सफाया कर चुका। माणिक का शेयर हज़म। साला है क्या तेरे पास जो निपटेगा? *(चिढ़कर)* देख लूँगा! क्या देख लेगा तू? साला तेरी बन्दरी सूरत देखेगा?

रमाकान्त : *(स्टूल पर बैठकर)* तो तुम क्या अॅडवाइस देते हो ब्रदर? जैसा तुम कहोगे, वैसा ही करूँगा।

उमाकान्त : बहुत देर बाद अकल जगी तुझको, अब कौन बचा सकता है? टाइम भी नहीं है अब। तेरे क्रेडिटर्स की मीटिंग भी अब ख़त्म हो चुकी होगी। बैंक को या तो पहले ही से

इन्फॉर्मेशन होगी या मिल ही जायेगी। डबल रोलर चल पड़ेगा...

रमाकान्त : *(हथेली में मुँह छिपा लेता है : यकायक)* ब्रदर, तुम्हारे पास कोई रास्ता होगा...साला मुझको भाई समझ के ही कुछ करो...

उमाकान्त : *(पाइप पीते हुए)* फायदा क्या!

रमाकान्त : फायदा...हम लोग क्या एक-दूसरे से अलग हैं? अएँ। साला मेरा फायदा, वो तेरा फायदा...

उमाकान्त : यह मकान मेरे नाम कर दोगे? मैं छुड़ा लूँगा...

रमाकान्त : *(अड़कर)* ब्रदर, मकान साला मेरे हिस्से का...

उमाकान्त : तेरा हिस्सा चला मुलतानी की जेब में। मकान मेरे नाम करता हो तो देखूँ...

रमाकान्त : साला सभी कुछ बरबाद होने का टाइम आ गया और तुम मकान लिए बैठे हो...

उमाकान्त : सभी कुछ से मेरा क्या वास्ता? मुझको यह मकान होना...

रमाकान्त : ब्रदर, मेरी लाइफ अण्ड डेथ का सवाल है साला। बाल-बच्चेदार आदमी हूँ...

उमाकान्त : तू जा जहन्नुम में। अपने को यह मकान होना।

[बेचैन रमाकान्त अपनी जगह से उठता है। साइडबोर्ड के पास जाकर गिलास भरता है।]

रमाकान्त : *(अकड़ में)* मेरी भी एक सुन। बहुत दिनों से कहना चाहता था ब्रदर, मगर साला टाइम किसके पास था! मैं तो खैर हूँ ही डिफीकल्टी में...साली हर एक की लक अपने ही हाथ बँधी होती है। कोई कर ही क्या सकता है? क्या समझे? साला कम्प्लेण्ट भी करें तो किससे? गॉड ऑल्माइटी अपने हॅवन में...साली अप्सराएँ...'ये' *(अँगूठा मुँह की ओर ले जाकर शराब का संकेत करता है।)* उसके पास भी टाइम नहीं। एकदम बिज़ी। क्या समझा? तो साली हमारी बॅड् लक की झाँय-झाँय तुमको क्यों हो? समझा? तुम्हारी लक ज़ोर पर है। पैसा कमा रहा है। आगे भी कमायेगा। कल के रोज़ साला मैरिज भी करेगा तू। पाँव-दस बच्चे भी होंगे। क्या समझा?

पैसा कुछ भी करा सकता है। तो मेरा कहना यह कि जब तक तेरी बढ़ोतरी जारी है तो उसमें मेरा असगुन क्यों लेता है अपने सिर पर? तू कहीं भी जा सकता है। साला फर्स्ट क्लास बँगला खरीदना...कार, शोफर, बावर्ची, खानसामा साला...तुझको कौन पूछने चला है? हम यहीं पड़े रहेंगे इस झोंपड़े में। रह लेंगे साला जैसा बनेगा वैसे। नहीं तो चल देंगे कहीं और। क्या समझे? हम्माली करेंगे साला, भीख माँगेंगे। तुमको फालतू की खिट-खिट किस वास्ते? साला ब्रदर है तो क्या हुआ? तो ब्रदर, गुड बाई! अब फौरन से पेश्तर अपना बोरिया-बिस्तर हटाइये यहाँ से। हो सके तो अभी, इसी दम। बाई-बाई...हैपी लाइफ टु यू!

उमाकान्त : *(हक्का-बक्का होकर)* यानी सोचने को तैयार नहीं है तू...

रमाकान्त : क्या करेगा साला! साला न हमारे खोपड़ी, न अकल! हम बुद्धू, चौंघट! तुम साला स्मार्ट, खोपड़ीबाज़...लिहाजा सोचना काम आपका...यहाँ से क्विक मार्च करने के बारे में सोचिए। कब तशरीफ ले जा रहे हैं?

उमाकान्त : पछताओगे रमा...

रमाकान्त : आप नहीं होंगे देखने के लिए!

उमाकान्त : *(उठकर)* पहले मेरा अकाउण्ट सेटल कर, तब जाऊँगा। पपा का पर्सनल खाता, माणिक के रुपये, माँ के ज़ेवर...

रमाकान्त : बाहर खड़े होके माँगो, मिलेगा। ये सब तभी, जब आप चले जायेंगे। पहले बाहर!

उमाकान्त : *(असहनीय क्रोध से रमाकान्त की गर्दन पकड़कर)* बाहर? साले बाहर? बाहर जायेगा तेरा बाप साले! पाई-पाई वसूल कर लूँगा, तभी बाहर जाऊँगा हरामी! छोड़ूँगा नहीं तुझको! छाती पर बैठ के ले लूँगा! साले हगा लूँगा तेरे से! जानवर साला, दगाबाज़! साले भीख नहीं मँगवाई तेरे से तो नाम बदल दूँगा...

रमाकान्त : *(गर्दन छुड़ाकर)* आहिस्ता बोल! रमा को तकलीफ होगी...

उमाकान्त : हाँ-हाँ, पता है तेरी बीवी के बच्चा होने वाला है! जैसे दुनिया में किसी के हुआ ही नहीं हो! ऐसे ही मरद का

बच्चा था तू तो क्यों गिर जाते थे दो-दो, तीन-तीन महीने के हमल? और इस बार तेरा ही है, इसका क्या सबूत?

रमाकान्त : *(आत्मविश्वासपूर्वक परन्तु छद्म भाव से)* फिर किसका है?

उमाकान्त : रजनीनाथ का है! दरवाज़े पर डले दुश्मन का, तेरे सौतेले भाई का! अनौरस भाई का। रण्डी की औलाद का।

रमाकान्त : *(एकदम भड़ककर)* साला मुँह सँभाल उमा!

उमाकान्त : रोज़ जाती थी। मैंने देखा था। भीतर बैठे रहते थे दोनों, दरवाज़ा लगाकर। मैंने देखा है। हिम्मत हो तो जाकर पूछ उससे, साला कायर!

रमाकान्त : *(भीतर से टूट जाता है। परन्तु ज़ोर दिखाने के लिए तैश में आकर)* तू...तू झूठ बोलता है साला...जान-बूझकर झूठ बोलता है साला...तू जानता है साला कि यह झूठ है ...सब झूठ है साला, तुझे मालूम है! साला दिमाग में जहर घोलता है तू...जान-बूझके साला...बदला लेता है तू? कमीना, सूअर साला, गू का कीड़ा साला...

उमाकान्त : तू खिलाया करना उसकी औलाद को अपनी गोदी में! मूत चाटना साले उसका। साला मज़ा लूटा उसने, तू बना फिर बाप! साला नामरद कहीं का। अकल के नाम अण्डा! बेवकूफ साला! खानदान का नाम डुबानेवाला... *(बाहर चला जाता है।)*

रमाकान्त : *(दयनीय। अकेला)* रमा...

[रमा भीतर से आती है। पेट फूला हुआ। अत्यन्त दयनीय दिखाई पड़ती है। हाथ में थाली लिए। उसमें चावल, जिन्हें बीन रही थी।]

रमाकान्त : क्यों? नीचे क्यों आयी हो? साला मरना है क्या तुझको? क्या...इरादा क्या है?

रमा : *(असली उत्तर टालकर)* लेटे-लेटे उकता गयी थी, चली आयी! *(ऐसे, जैसे जवाब पहले से तैयार हो।)*

रमाकान्त : हुँः! उकता गयी थी! खूब है साली तुम्हारी उकताहट! नाइट में नींद आयी थी? साउण्ड स्लीप? या फिर वो भी वहम-अहम? सिनेमा साला?

रमा : *(चावल बीनते हुए)* आँख झपकते ही डर लगा। आँख खुल गयी। फिर सोने की इच्छा ही नहीं हुई। बगल वाले बँगले की घड़ी के घण्टे सुनती रही सुबह तक। फिर जाने कब आँख लग गयी।

रमाकान्त : आई सी!

रमा : अकेलापन खाने को आता है। छोटे देवर के गैरेज में रात भर रोशनी थी। उसी को देखते रात काट दी जैसे-तैसे। उसी का एक सहारा था।

रमाकान्त : अएँ! आई सी। छोटा देवर! जग रहा होगा रात-भर वो भी।

रमा : या शायद बत्ती जलती छोड़ के सो गये होंगे। ऐसे ही सो जाते हैं।

रमाकान्त : अच्छा? साला मुझे पता नहीं था।

रमा : जाने क्या सोचते रहते हैं। वे मन-ही-मन अन्दर-ही-अन्दर घुलते रहते हैं। किसी से कुछ कहते नहीं हैं। गरम हो-हो जाते हैं; सारी दुनिया पर नाराज़ हों जैसे।

[वह यह सब कह रही है और उसे अच्छा लग रहा है। उसे रमाकान्त के हृदय में स्थित सन्देह का एहसास नहीं है, और न ही इस क्षण उसमें अपराध भावना ही है।]

रमा : सोना चाहते हैं, सो लेते हैं। खाना चाहते हैं, खा लेते हैं। नहीं तो ऐसे ही रह लेते हैं। ज़बरदस्ती खिला देती थी, वह भी बन्द हो गया। चाय पी लेते थे, वह आपने बन्द करा दी। बिना माँ का बच्चा, बचपन से लगातार बाहर रहते आये हैं। कोई तो नहीं जो ममता दे।

रमाकान्त : क्यों? तुम तो हो न!

रमा : हूँ ज़रूर। पर मैं कब तक पूरी पड़ूँगी? कोई ज़िन्दगी-भर तो नहीं। सोचती हूँ, आगे चलकर कौन देखभाल करेगा? कौन खिलायेगा-पिलायेगा? कौन ख़याल रखकर पूछेगा कि भाई सोए? खाया खाना? न रहा कोई प्यार से पूछने वाला तो पहले ही से ख़यालों से सड़े दिमाग को लेकर क्या करेंगे? क्या होगा उनका? सच, क्या होगा?

रमाकान्त : साला, जो हमारा होगा, सो उसका होता रहेगा। और होने ही क्या चला है? ख़याल हमारे लिए नहीं? साला चींटियाँ लग रही हैं...

रमा : *(अपनी ही रौ में)* इस उमर में अपना कहनेवाला कोई होता है तो आदमी सब कुछ झेल लेता है। पर बात उठाना जैसे गुनाह हो! कहने जायें तो लाल-पीले होते हैं...

रमाकान्त : बिल्कुल सही है। साला मज़ा लूटने को मिले तो कौन फन्दे में फँसता है!

रमा : *(चौंककर)* क्या कहा आपने? कुछ कहा?

रमाकान्त : *(अपने को सँभालकर)* मैंने? कुछ तो नहीं?

रमा : मँझले देवर से कुछ बात कर रहे थे आप?

रमाकान्त : बात? हाँ-हाँ। कह रहा था दूसरी जगह जाना चाहता है। यहाँ रहते-रहते जी उकता गया।

रमा : आजकल उन्हें बहुत तकलीफ होती होगी। मेरी यह हालत...

रमाकसन्त : हाँ! न यहाँ नौकर-चाकर! फ़ोन भी नहीं साला...

रमा : फ़ोन क्यों कट गया?

रमाकान्त : *(यह प्रश्न अनपेक्षित)* कटा थोड़े ही, मैंने ही कटवा दिया साला। टेलीफ़ोन कम्पनी से कहकर। मैंने कहा, ले जाओ साला फोकट का झंझट। दिन में सौ बार साला हैलो-हैलो। रात में भी वही साला। उठाओ तो साला रॉंग-नम्बर। कभी किसी को रत्नाकर सेठ चाहिए तो किसी को डॉक्टर वोरावाला। साला हमको बेकार खिट-खिट। निकाल दिया। जाओ स्साला।

रमा : वो कहाँ रहने जा रहे हैं?

रमाकान्त : जहन्नुम में! *(सँभलकर)* क्या कह रही हो! कहाँ रहने जा रहा है! साला बताये तो पता चले। बोला, जाता हूँ। मैंने कहा, आपकी मर्ज़ी।

रमा : पूछ ही लेते आप...

रमाकान्त : *(सिर खुजलाकर)* अच्छा अब जाओ तुम ऊपर। जाकर आराम करो। साला उँगली पकड़ने दी तो पहुँचा पकड़ने

को तैयार! जाओ तुम। नीचे मत आना दुबारा! बिना मतलब का सिरदर्द साला...

[रमा चुप है। ज़रा देर बाद मन को समझाकर उठती है और ऊपर जाने के इरादे से चली जाती है। रमाकान्त अकेला है। उठता है और साइडबोर्ड के पास जाकर गिलास भरता है।]

[अँधेरा।]

छठा दृश्य

[शाम। दिया-बाती का वक़्त। गैरेज का भीतरी हिस्सा। रजनीनाथ धीमे सुर में सीटी बजाता हुआ काग़ज़ पर कुछ घसीटे मार रहा है। कभी-कभी सीटी बजाना बन्द कर देता है; लिखने के मूड में आ जाता है। लिखना, काटना, काग़ज़ को गुड़ी-मुड़ी बनाकर फेंकना भी जारी है। धीरे-धीरे मूड बनता जाता है और लगातार लिखता जाता है।

दबे पाँव पपा आते हैं। दरवाज़ा खोलकर एकदम भीतर घुसते हैं। दरवाज़ा लगाते हैं। दरवाज़े से टिककर खड़े रहते हैं। बहुत थके हुए हैं। सूखकर काँटा हो रहे हैं। परन्तु आँखों में जैसे अंगार भरे हों। रजनीनाथ का ध्यान लिखने की प्रक्रिया में।]

पपा : रजनी...*(वह चौंककर देखता है।)* मैं हूँ। तुम्हारा पपा!

[रजनीनाथ की आँखों से गुस्सा और घृणा टपकती है। वह एकाएक उठकर खड़ा हो जाता है। कहना चाहता है : 'निकल जाओ!' मगर शब्द मुँह से नहीं निकलते। देखते-देखते दुर्बल हो जाता है। सरककर एक ओर खड़ा हो जाता है। चेहरे पर अभी भी गुस्सा।]

पपा : *(गोल किये बिस्तरे के पास कराहते हुए बैठकर)* अचरज कर रहे होगे मुझे देखकर। *(रजनीनाथ खामोश है।)* कुछ भी हो, आखिर तुम बेटे हो मेरे। *(वह बेकाबू होने की सीमा पर; मुश्किल से अपने को ज़ब्त करता है।)* उन

भैनचोदों की तरह बाप का हत्यारा नहीं है तू। अफसोस होता है ऐसी भैनचोद औलाद पैदा करके। औलाद है साली? पिछले जनम के पाप हैं, भुगत रहे हैं। बेटे तू ही सबसे अलग निकला। *(वह बुत बना खड़ा है।)* क्या हाल हैं आजकल? ठीक चल रहा है न? दिखता तो ठीक है। तुम पहले से ही गुनी निकले। नहीं तो भैनचोद वो लोग! पत्थर साले सब-के-सब! गले में बाँधकर डुबाने के काबिल साले। न पढ़ाई, न लिखाई। सब साले शराबी। वो उमा! बारह साल की उमर से भैनचोद चुराके पीता है। ऐसा ही रमा। दमड़ी कमाने की अकल नहीं हरामी के। *(रजनीनाथ बड़ी मुश्किल से अपने ऊपर काबू किये हुए है। मेज़ के सहारे पीठ करके खड़ा है।)* तुम ही मेरे असली बेटे हो, रजनी! तुम्हें दूर से भी देखता था तो सीना फूल उठता था। गर्व होता था। छोटा-सा था तभी से अपने पाँव पर खड़ा है। शान से बड़ा हुआ। किसी के आगे कभी हाथ नहीं फैलाया। और एक ये हैं! जिसका खाया, पिया, जिसके ज़ोर पर बड़े हुए, उसी को मारकर निकाल दिया हरामियों ने! भीख न माँगें साले तो नाम बदल दूँ!

[बाहर रमाकान्त आकर खड़ा हो जाता है।]

रजनीनाथ : *(सयास)* आप क्यों आये हैं यहाँ?

पपा : खूब याद दिलाया। बुढ़ापा आ गया बेटे। उसमें इन भैनचोदों की हाय-हाय। याद आती है तो साले सीने में आग लग जाती है। चींटियाँ लगेंगी सालों के, हाथ सड़ेंगे भैनचोदों के...मुझे मारा हरामियों ने...

रजनीनाथ : आप क्यों आये हैं यहाँ?

पपा : वही तो बता रहा हूँ। तू ही एक मेरा असली बेटा है, रजनी। तेरी माँ! बेटे, देवी थी वो। बहुत जल्दी गुज़र गयी। तुझे देख भी नहीं पायी बेचारी।

रजनीनाथ : *(ज़रा गरम होकर)* जल्दी कहिए...

पपा : वही तो कह रहा हूँ। तो! हाँ, तू ही बेटे, मेरा सच्चा सपूत है। तू यहीं गैरेज में सड़ता रहा, भिखारी की तरह।

गलती तो खैर हमारी ही थी...और वो हरामी बँगला हथियाये हुए हैं। गटर बना दिया सालों ने बाप-दादों की जायदाद का! पाखाना बना दिया! देखो, सूरत देखो बँगले की ज़रा। रोना आता है भैनचोद!

रजनीनाथ : *(किंचित उग्र स्वर में)* यह सब रहने दीजिए; जो कहने आये हैं, वही कहिए।

पपा : कही तो रहा हूँ। मुझसे ये सब सहा नहीं जाता रजनी, और तुम से भी सहा नहीं जायेगा। इसे बदलना होगा। कोई दूसरा नहीं आयेगा। हमींको बदलना होगा। मेरी बात मानो। मैं तुम्हारे साथ हूँ। बोलो तो पैसा खड़ा कर दूँ। औक़ात है अभी भी, इतनी साख तो हई है। बैक डेट की विल बनाई है मैंने, नयी। एक वकील से भी बात कर ली है। विल में पूरी जायदाद तुम्हारे और माणिक के नाम आधी-आधी लिख दी है। तुम दावा कर दो कि विल असली है और बँटवारा धमकी देकर, ज़बरदस्ती कराया है। मैं हूँ भैनचोद, तेरे साथ। भीख मँगवाऊँगा सालों से! एड़ी घिस-घिस कर मरेंगे साले! समझे? इतना देख लूँ तो सुख से आँखें मूँद लूँ। सच!

रजनीनाथ : *(दरवाज़ा दिखाकर)* जाइए आप...

पपा : ना मत कह बेटे। तू ही मेरा असली बेटा है। *(उसकी पीठ, गाल थपथपाते हैं।)* तू ही अपने बाप की लाज है ...मेरी भयानक बेइज़्ज़ती का बदला तू ही ले सकता है बेटे...

रजनीनाथ : कह दिया न मैंने? आप जाइए! जाइए आप! *(तिरस्कार पूर्वक उनका फैला हुआ हाथ झटक देता है। पपा धीरे-धीरे पीछे हटते हैं।)*

पपा : जनम का कल्याण करने आया था मैं बेटा...

रजनीनाथ : चले जाइए आप...जाइए! खबरदार जो दुबारा आये। चले जाइए, वर्ना फेंक दूँगा उठाके बाहर...

[बूढ़ा दीन-हीन भाव से, मगर जल्दी-जल्दी जाने लगता है। जाते-जाते रमाकान्त से जो पीछे आकर खड़ा हो गया है, टकराते हैं।]

रमाकान्त : *(दरवाज़े के ज़रा इस ओर)* नमस्ते पपा जी...

[पपा चौंकते हैं। बेइन्तहा घबराते हैं। जल्दी-जल्दी चले आते हैं, मुड़-मुड़कर देखते हुए। रजनीनाथ पीठ करके खड़ा है।]

रमाकान्त : *(रजनीनाथ को देखकर)* साला जिसको खाना खिलाओ, पत्तल में छेद करता है! बेचारे पपा! तुम्हें उनका कहा मान लेना चाहिए था रजनी।

रजनीनाथ : मैं जानता हूँ, मुझे क्या करना चाहिए।

रमाकान्त : जनमदाता बाप पर तरस नहीं आता साला तुझे?

रजनीनाथ : *(अनपेक्षित ढंग से)* तरस तो मुझको तुम पर आता है।

[रमाकान्त निरुत्तर, पराजित।

बँगले की दिशा से रमा की मर्मान्तक चीख सुनाई पड़ती है। दोनों चौंक उठते हैं। रमाकान्त घर की तरफ भागता है। इससे पहले कि रजनीनाथ दौड़कर जाने को तैयार हो, माणिक आती है, करीब-करीब टकराती है। उसके मुँह पर पागलों जैसा, हर्ष, अजीब]

माणिक : *(चीखते-हँसते)* कर दिया...जैसा बताया था, कर दिया... नीबू काटा...भभूत सात बार पेट में मली...गिरेगा। भाभी का बच्चा गिरके ही रहेगा! रमा का बच्चा गिरेऽगा! नहीं बचेगा...गिरेऽगा...

[पागल की भाँति हँसती रहती है। भयभीत रजनीनाथ परे हट जाता है। माणिक उसी तरह हँसती हुई चली जाती है। रजनीनाथ किंकर्तव्यविमूढ़।

रमा के कमरे में प्रकाश। रमाकान्त दौड़कर आता है। रमा के पलँग के पास घुटनों के बल बैठ जाता है। रमा के बिखरे हुए कपड़े। उठ बैठी है, थर-थर काँप रही है।]

रमाकान्त : क्या हुआ? क्या हुआ रमा? *(चारों ओर देखकर)* कौन आया था? या फिर वही वहम? साला कब तक तुम ऐसे ही घबराया करोगी? साला होल डे का जंजाल... फोकट का सिरदर्द साला...सो जाओ सीधी तरह। *(उसे*

ज़बरदस्ती सुलाना चाहता है। वह सिर हिलाकर मना करती है, तनकर बैठ जाती है।) क्या? बात क्या है? बताती क्यों नहीं? *(उसके मुँह से शब्द नहीं निकलता।)* बताओ? बताओ? साला एक झापड़ रख दूँगा—बोल?

रमा : *(सायास)* माणिक बीबीजी आयी थीं।

रमाकान्त : कौन? माणिक? वो रण्डी आयी थी? मुझे टालके आयी थी? क्या कह रही थी? ...बोलती क्यों नहीं?

[रमा इतनी डरी हुई है कि एकदम फूट-फूटकर रोने लगती है।]

रमाकान्त : आखिर कहा क्या उसने? बोलो! नहीं तो मरो! *(उसका जूड़ा पकड़कर मुँह अपने सामने करके)* क्या बोली वो हरामज़ादी? बोलो?

रमा : नीबू...नीबू काटा उन्होंने...

रमाकान्त : *(कर्कश स्वर में)* माणिक ने?

रमा : *(सिर से 'हाँ' कहकर आवेशपूर्वक खड़ी हो जाती है।)* भभूत...यहाँ मली...बोलीं...बोलीं...*(रोकर)* तेरा बच्चा गिर जायेगा! गिर जायेगा! तेरा बच्चा...*(बिछौने पर गिर पड़ती है और सुबक-सुबककर रोने लगती है। क्षण-भर रमाकान्त दिग्मूढ़-सा देखता रह जाता है।)*

रमाकान्त : *(यकायक चिल्लाकर)* रो मत! बन्द कर यह रोना-धोना! कह दिया न, कोई मरा थोड़े ही है! चुप! साला हर रोज़ नयी आफत! चुपचाप पड़ी रहो। खबरदार तो किसी से कहा! चुप्प! जान से मार दूँगा नहीं तो! *(रमा भय से खामोश, जैसे मुर्दा हो।)* साली उस कुतिया के टोटके से मेरा बच्चा नहीं मर सकता, कभी नहीं मर सकता। अगर मेरा हो तो!

रमा : *(धँसे स्वर में)* क्या कहा? क्या कहा आपने?

रमाकान्त : सब समझती हो। सो जाओ चुपचाप! *(तेज़ी से चला जाता है। रमा बुत बनी बैठी रह जाती है।)*

[धीरे-धीरे अँधेरा।]

सातवाँ दृश्य

[रात। दीवानखाना। तूफानी बारिश, कड़कती बिजलियाँ। रमाकान्त पी रहा है। नशे में धुत। चेहरा विकराल। राइफल पास में पड़ी हुई।

दरवाज़े की घण्टी बजती है। रमाकान्त चौंकता है; कुछ होश में आता है। घण्टी फिर बजती है : एक बार, दो बार, तीन बार, और फिर बजती ही रहती है। रमाकान्त अपनी जगह से हिलता तक नहीं। कहता है :

'बजाओ साला, बजाये जाओ!'

दरवाज़ा खटखटाने की आवाज़। फिर धक्का। फिर घण्टी और ज़रा सन्नाटा। उसके बाद दरवाज़े पर जोर का धक्का, लात मारने की आवाज़। उमाकान्त का साफ न सुनाई पड़ने वाला गाली-गलौज। धक्का। पुकार। रमा भाभी के नाम की पुकार। रमाकान्त का अपनी जगह से जवाब : 'आती हैं; खड़े रहो साला कयामत तक!'

चेहरे पर विद्रूप मुस्कराहट। इसके बाद धक्के, खटखटाहट और लात की मार में उसका ठण्डा उत्तर : 'मार!' 'और ज़ोर से। 'ज़ोर लाग के!'

पीना बराबर जारी है। धक्कों की और पुकारने की आवाज़ें बन्द। सिर्फ बारिश।

ज़रा देर बाद पिछले दरवाज़े पर फिर पहले जैसी आवाज़ें। रमाकान्त की पहले वाली प्रतिक्रिया। फिर

वे आवाज़ें भी बन्द हो जाती हैं। अनवरत वर्षा अगले दरवाज़े पर हैवानी धक्के।
उमाकान्त की गालियाँ 'रमा! पाजी साला', 'देख लूँगा!' जो साफ सुनाई नहीं पड़तीं।
उसके बाद धीरे-धीरे सन्नाटा। एक आखिरी धक्का। बारिश की आवाज़। दूर कहीं भीगा कुत्ता रोता है।]

रमाकान्त : *(भारी आवाज़ में)* बाय-बाय, ब्रदर बेस्ट ऑफ लक् टु यू ॲण्ड हैपी, लाइफ! *(पीते हुए)* ब्रदर, तुम साला सोचते होंगे, तुम्हीं पाजी हो। एक-से-एक बढ़कर। कोई किसी से कम नहीं साला। आई नो ब्रदर, तुम यह मकान हथियाना चाहते थे। यह बैंगलो! भूत बँगला। तुमने मगर नो ब्रदर, हम भी पाजी हैं। हम सब पाजी हैं। कहा तो नहीं था, लेकिन मुझे मालूम था। बताऊँ ब्रदर? क्यों? क्योंकि वह भूत जो तुम्हें प्रॉस्पेरिटी दिलायेगा यहीं रहता है...स्पिरिट...तुम्हारी बदी और मेरी बरबादी का खेल रचाता है। राइट ब्रदर! एक बार अमावस के दूसरे रोज़ साला नीबू, नारियल और गुलाल दिखाई पड़ा था मुझे कम्पाउण्ड में। यू डिड दैट नीबू-गुलाल बिजनेस। ब्रदर, यू डिड इट साला। भूत साला तेरे बस में था, और हमारा कबाड़ा कर रहा था। आई नो, आई नो ब्रदर, हम्बग साला, ऑल हम्बग...नो भूत! नथिंग साला। भूत...हमीं भूत हैं साला। हू एल्स? हमीं भूत हैं। मगर ब्रदर, तुमसे हो नहीं पाया! यू वान्टेड मी आउट! राइट ब्रदर? यानी सारा माल तुम्हारा। प्रॉस्परस, साला। फन साला। टन्स ऑफ मनी साला। हीप्स ऑफ मनी। ऐश साला। मगर ब्रदर, तुम्हारा अन्दाजा गलत निकला। रमाकान्त नो फूल, ब्रदर। साला तुमको लेकर ही डूबेंगे। अकेले नहीं जायेंगे। एवरीबडी टु हेल्। हेल् साला। नरक, आई नो ब्रदर हम नरक में जायेंगे। जहन्नुतम की हवा। बाप, ब्रदर, सिस्टर, वाइफ...किडी...नो नो वो मेरा नहीं सौतेले भाई का किडी...मेरा नहीं। उसका...हरामी की औलाद

साला। दोगला साला, ब्लडी बगर साला...रखैल का लौण्डा... *(राइफल उठाने के लिए आसपास हाथ सरकाता है)* शूट हिम साला, आई...आई विल...किल हिम साला। ब्लडी साला...*(यकायक उठाकर बोतल को बन्दूक की तरह पकड़ता है। शराब टपकती है। बाएँ हाथ का चुल्लू बनाकर जमा करता है, चाटता है। बोतल को टीपॉय पर रखकर)* ओह...ओह...*(व्यथा से भरकर)* आई एम ऑल यूज़लेस फेलो ब्रदर, साला एकदम निकम्मा। नालायक। बिच् साला। सूअर का बच्चा...आई...आई लेट् माई वाइफ टु...टु...*(कसकर सिर पकड़ लेता है।)* नॉट माई किडी, ब्रदर। बच्चा मेरा नहीं। साला बच्चा उसका। मेरा कुछ नहीं। निकम्मा सूअर साला। आई विल शूट हिम ब्रदर...*(राइफल उठाने को हाथ फैलाता है।)* राइफल साला... गल साला...*(राइफल हाथ आ जाती है।)* यू नो ब्रदर? साला कबाड़ा। गोल साला। क्रेडिटर्स...बैंक...कोर्ट, जेल काटनी पड़ेगी साला। सात साल साला। सेवन इयर्स कालापानी। रमाकान्त पितले...ओ...*(राइफल की नली ठोड़ी के नीचे और हाथ राइफल के घोड़े पर)* काला पानी। डिब्बा, गोल साला। वो वाइफ, नो किडी। गोऽल साला, गोऽल...जेल काटनी पड़ेगी साला चक्की...ओ...ओ *(राइफल की नली ठोड़ी के नीचे और हाथ राइफल के घोड़े पर)* बट यू नो ब्रदर, तुम्हारा भूत तुम्हें नहीं दूँगा। नहीं दूँगा बँगलो साला। न ही प्रॉस्पैरिटी। जान दे दूँगा, लेकिन बैंगलो नहीं दूँगा। *(राइफल कुर्सी पर रखकर बैठ जाता है।)* मर जाओ साला। *(मूड बदलकर)* ट्राला... ला...ला...ला...ट्राला...ला...ला...रेडियो क्लब, ब्रदर, खैबर, मॉन्जिनी, ताज, वेन्सि, डान्स...म्यूजिक...ब्यूटीज...ट्राला ...ट्राला...सोसाइटी लेडीज़ साला...हाऊ डु यू डू? ग्लैंड टू मीट यू...ओ, हाऊ स्वीट ऑफ यू...किक् यू साला... फक् यू...फन साला...फन...फन...*(हवा में लात मारता है, गिर पड़ता है।)* लँगड़ा साला...नो फीट...लँगड़े को पैसा दे भगवान्...बैगर...दे भगवान साला...लँगड़े को...

(घुटनों के बल रेगता हुआ टीपॉय तक जाता है। बैठकर जल्दी-जल्दी दो-तीन बार पीता है। हिचकियाँ आती हैं।) नाऊ आई फील बैटर, ब्रदर। हम अच्छा है। लेकिन माथा...थोड़ा-थोड़ा... *(एकाएक कर्कश स्वर उग्र स्वर में)* बच्चा हमारा नहीं! हमारा नहीं! साला मेरा नहीं, मेरा नहीं, मेरा नहीं। उसका है, साला रण्डी की औलाद का साला...सौतेले भाई को पाला, साला पोसा उसको...ब्रदर, आई शूट हिम...आई शूट हिम...! *(अपने को सँभालता है जैसे घायल जंगली जानवर हो। एक हाथ मज़बूती से कुर्सी की पीठ पर रखकर धीमी आवाज़ में)* यू नो ब्रदर, हम गिरा देंगे, बस्स! वो हमारा नहीं, वो हमारा दुश्मन है! दुश्मन का बेटा साला। दुश्मन! गिरा देंगे! जाओ स्साला, नेईं माँगता! सूअर का बच्चा नेईं माँगता। बस्स साला! ख़त्म कर देगा, पेट फाड़ देगा स्साला, गिरा के रहेगा। *(किटकिटाकर चीखता है।)* रमा... *(स्वर यकायक मृदु बनाकर)* रमा डियर... *(कर्कश)* व्हेयर आर यू रमा? इधर आओ! रमा, इधर आओ *(लड़खड़ाते पाँवों से ऊपर वाले जीने के पास जाता है। रमा को नशे से तुतलाती आवाज़ में पुकारकर)* नहीं आतीं? तुम नहीं आतीं? अच्छा, तो हम आता है...हमीं आता है साला निकम्मा बच्चा साला... *(लड़खड़ाता हुआ चला जाता है। उसकी पुकारें व बर्राना अस्पष्ट होता हुआ बारिश की घनगम्भीर ध्वनि में घुल जाता है। ज़ोर से बिजली कड़कती है, कहीं दूर गाज गिरती है। उसके बाद लगातार बारिश की आवाज़। फैलता जाता। अँधेरा।)*

एक गिद्ध के चीखने की कर्कश ध्वनि।

[अँधेरा।]

आठवाँ दृश्य

[सन्नाटा। कोई आवाज़ नहीं। गैरेज।]

रजनीनाथ : ख़त्म होती है कहानी गिद्धों की...अभिशाप ग्रस्त इनसानों की...या इनसानी लिबास पहने शापभ्रष्ट गिद्धों की। अरे, कोई तो इन पर तरस खाए! कोई तो राह दिखाए, सहारा दे कि उन्हें मुक्ति मिल सके...अस्तित्व के जलकर खाक होने पर पापी जीव छुटकारे की साँस लेता है...इससे पहले उसे श्मशान घाट दिखाओ...क्योंकि उनका कोई भविष्य नहीं है, दूसरी गति नहीं है। और तब भी शायद मुक्ति नहीं है...मुक्ति नहीं ही है...किसी के लिए नहीं है...

[हवा की आवाज़ तीखी होती जाती है। सामने की हर चीज़ खिलौना जान पड़ती है, क्षुद्र और तुच्छ मालूम पड़ती है। गहरा एकाकीपन प्रतीत होता है। रजनीनाथ पाँव घसीटता हुआ गैरेज में जाता है। ज़बरदस्त सर्दी लग रही है, ठिठुरा हुआ...]

[अँधेरा।]

□□